# LA SCIENCE

# DE L'ENRICHISSEMENT

Catalogage avant publication de Bibliothèque et Archives Canada

Wattles, Wallace Delois, 1860-1911

    La science de l'enrichissement : profonde sagesse et programme d'enrichissement puissante datant de 1910

    Traduction de : The science of getting rich.

    Comprend réf. bibliogr.

    ISBN 2-89436-159-9

    1. Succès.    2. Richesse.    I. Titre.

BJ1611.W314 2006      650.1'2      C2006-940529-8

*Nous reconnaissons l'aide financière du gouvernement du Canada par l'entremise du Programme d'aide au développement de l'industrie de l'édition (PADIÉ) pour nos activités d'édition.*

*Nous remercions la Société de développement des entreprises culturelles du Québec (SODEC) pour son appui à notre programme de publication.*

Révision linguistique : Jocelyne Vézina

Infographie : Caron & Gosselin

Traduction : Marcelle della Faille

Mise en pages : Marjorie Patry

Éditeurs :  Les Éditions Le Dauphin Blanc inc.
          6655, boulevard Pierre-Bertrand, local 133, Québec (Québec),
          G2K 1M1  CANADA
          Tél. : (418) 845-4045  Téléc. : (418) 845-1933
          Courriel : dauphin@mediom.qc.ca
          Site Web : www.dauphinblanc.com

ISBN :  2-89436-159-9

Dépôt légal :  2e trimestre 2006
               Bibliothèque nationale du Québec
               Bibliothèque nationale du Canada

Copyright 2006 – Les Éditions Le Dauphin Blanc
               Tous droits réservés pour tous les pays

Imprimé au Canada

**Limites de responsabilité**

L'auteur et l'éditeur de cette réédition ne revendiquent ni ne garantissent l'exactitude, le caractère applicable et approprié ou l'exhaustivité du contenu de ce programme. Ils déclinent toute responsabilité, expresse ou implicite, quelle qu'elle soit. Ce livre contient du matériel protégé par les lois et traités nationaux et internationaux sur le droit d'auteur. Toute réimpression ou utilisation non autorisée est interdite.

**Wallace D. Wattles**

# LA SCIENCE
# DE L'ENRICHISSEMENT

*Profonde sagesse et programme d'enrichissement
d'une oeuvre puissante datant de 1910*

Nouvelle traduction par Marcelle della Faille

# Table des matières

*« Tout le monde peut former des choses dans sa pensée, et, en imprimant sa pensée sur la Substance Informe, provoquer la création de ce à quoi il pense. »*

Wallace D. Wattles

# Avant-propos

*Pour Marcelle della Falle*

Enfant déjà, j'aimais croire aux contes de fée et je savais les miracles possibles.

Tout au long de mon adolescence, j'ai pu observer le pouvoir de ma pensée dans la réalisation de mes rêves et de mes désirs les plus chers.

La force de ma conviction et de ma foi m'a toujours ouvert les portes de la manifestation de mes rêves par ces petits miracles de la vie, ces coïncidences magiques qui m'émerveillent encore aujourd'hui.

Seules les portes de l'abondance financière me demeuraient obstinément fermées.

Je me suis donc mis à la recherche d'une explication à cela.

J'ai lu quantité de livres philosophiques, psychologiques, spirituels et autres, sans succès.

J'ai assisté à des séminaires, écouté des conférences sur l'abondance et le succès.

Certaines de ces rencontres m'aidèrent à trouver certaines pièces du puzzle de ma vie. D'autres m'ont éveillée à mon intuition et à ma force intérieure.

Cependant, aucune ne m'apporta ce que je cherchais : un système simple et pratique, facile à comprendre et à appliquer pour devenir riche et avoir du succès.

Frustrée et découragée, j'allais abandonner ma quête lorsqu'un jour je découvris un petit livre édité en 1910 et portant un titre qui attira immédiatement mon attention – *The Science of Getting Rich* – de Wallace D. Wattles.

Alors que je commençais sa lecture, ma petite voix intérieure m'a dit : « C'est exactement ce que tu cherches. Voilà le système qu'il te faut ».

Je m'empressai donc d'étudier et d'appliquer ce que M. Wattles avait écrit dans ce livre et ma vie se mit à changer de manière impressionnante.

Mon activité commença à prendre bonne tournure, mes revenus augmentèrent et mon moral se rétablit.

Ma vie commença à aller dans le sens que je voulais lui donner et elle poursuit cette direction tandis que j'étudie et applique continuellement les enseignements de M. Wattles.

Ce petit livre eut un effet considérable sur ma vie, comme je sais qu'il en aura sur la vôtre.

Marcelle della Falle

L'édition du livre *La Science de l'Enrichissement* se compose d'une Préface et de dix-sept chapitres.

Dans cette réédition, j'ai ajouté l'avant-propos et les deux annexes pour vous aider à tirer le meilleur parti de l'œuvre d'origine.

Dans un premier temps, je vous suggère de lire l'ensemble de la préface et des dix-sept chapitres de *La Science de l'Enrichissement*. Ainsi, vous pourrez vous familiariser avec le contenu du livre et avoir une vue d'ensemble de la philosophie de M. Wattles.

À la première lecture du livre, n'essayez pas d'absorber, d'étudier ou d'appliquer ce que vous lisez. Ne vous en faites pas si vous ne comprenez pas un passage et ne vous arrêtez pas à un mot, une phrase, un paragraphe, une idée ou un concept.

Prenez tout votre temps et surtout, lisez ce livre avec l'esprit ouvert... Une grande partie de son contenu défiera probablement votre mode de pensée actuel ou vos croyances personnelles.

Il se peut que vous ayez d'abord envie de rejeter ces nouvelles idées, mais je vous assure que tout prendra son sens si vous poursuivez la lecture. Vous verrez comment tous les éléments du puzzle s'agencent pour former un système pratique, simple et complet qui vous mènera à votre enrichissement.

Dès que vous commencerez à appliquer ces données, votre vie se mettra à changer et vous expérimenterez des résultats qui dépasseront toutes vos attentes.

Je vous invite toutefois à prendre en compte les trois points suivants :

1. Wallace D. Wattles utilise fréquemment le genre masculin pour représenter l'ensemble des êtres humains. Il dit très clairement dans ses écrits que les principes qu'il décrit s'appliquent autant aux hommes qu'aux femmes. Je vous suggère donc de considérer la terminologie masculine de manière générique.

2. Ensuite, M. Wattles était chrétien et vivait en début du XX$^e$ siècle. En tant que tel, il utilisait des citations tirées de la Bible ainsi que les enseignements de Jésus pour illustrer les Lois Universelles qui sont à l'œuvre dans notre vie.

3. Enfin, M. Wattles a écrit ce livre dans le contexte de son époque et fait référence à la situation sociale et industrielle de cellc-ci. Même si cela peut vous sembler démodé, les concepts qu'il décrit demeurent entièrement d'actualité.

Bien que *La Science de l'Enrichissement* ait été édité il y a quatre-vingt-dix ans, les principes scientifiques et le programme proposés par Wallace D. Wattles se révèlent aussi précieux aujourd'hui qu'alors.

Ce que M. Wattles a écrit ici est pure vérité, et toute vérité passée demeure vraie aujourd'hui !

Je suis très heureuse de vous faire connaître ce livre et j'espère sincèrement que vous y découvrirez ce que vous recherchez et que vous atteindrez prospérité et succès après l'avoir lu, étudié et mis en pratique !

Que l'Abondance vous accompagne !

Marcelle della Faille
www.marcelle.powerfulintentions.com/forum/Abondance

# Préface

Cet ouvrage est pragmatique et non philosophique. Il s'agit d'un manuel pratique et non d'un traité basé sur des théories. Il a été rédigé à l'intention de quiconque a un urgent besoin d'argent, et souhaite avant tout s'enrichir et garder les considérations philosophiques pour après. Il s'adresse à ceux qui à ce jour n'ont trouvé ni le loisir, ni les moyens, ni la possibilité d'étudier en profondeur la métaphysique, mais qui veulent obtenir des résultats et sont prêts à utiliser des conclusions scientifiques comme point de départ de leur action en faisant l'économie de tous les processus qui ont permis d'arriver à ces conclusions.

Cet ouvrage part du principe que le lecteur souscrira aux énoncés fondamentaux présentés, de la même façon qu'il admettrait les énoncés sur les lois de l'électricité s'ils émanaient de Marconi ou d'Edison. Ce faisant, il lui est demandé de prouver la validité de ces théories en les mettant en pratique sans appréhension ni hésitation. Quiconque adopte cette attitude est assuré de faire fortune. En effet, la technique préconisée ci-après est une science exacte dans laquelle l'échec n'a pas sa place. Cependant, dans l'intérêt de ceux qui souhaitent se pencher sur les théories philosophiques et asseoir ainsi leur foi sur un fondement logique, je citerai ici quelques auteurs faisant autorité dans le domaine.

La théorie moniste selon laquelle l'Un imprègne le Tout et le Tout est contenu dans l'Un, que les éléments du monde matériel ne sont que la manifestation d'une même Substance – est d'origine hindoue. Elle s'est progressivement imposée dans la pensée occidentale au cours de ces deux derniers siècles. Elle représente le fondement de toutes les philosophies orientales ainsi que de celles de Descartes, Spinoza, Leibniz, Schopenhauer, Hegel et Emerson.

Je conseille au lecteur qui souhaiterait approfondir ces fondements philosophiques de lire Hegel et Emerson en particulier.

En écrivant ce livre, j'ai délibérément privilégié un style direct et simple pour être compris de tous. Le plan d'action présenté ci-après reprend les conclusions de la philosophie. Il a été profondément expérimenté et il a passé le test suprême de l'expérience pratique. Ce plan fonctionne ! Si vous souhaitez savoir comment je suis arrivé à ces conclusions, reportez-vous aux auteurs que je viens de citer. Si vous souhaitez récolter concrètement les fruits de leurs philosophies, lisez ce livre et appliquez-en les enseignements à la lettre.

L'auteur

Wallace D. Wattle

# 1

# Le droit
# d'être riche

Quoi qu'on dise des vertus de la pauvreté, il n'en demeure pas moins que mener une vie heureuse et épanouie est impossible à moins d'être riche. Nul ne peut parvenir au sommet de ses talents ou de son épanouissement spirituel s'il ne dispose d'une abondance de ressources financières. En effet, pour épanouir son esprit et développer ses talents, chacun doit pouvoir recourir à de nombreux biens. Sans argent, ces biens sont hors de portée.

Tout individu épanouit son esprit, son âme et son corps en faisant usage de ces biens. La société est organisée de telle manière qu'il doit avoir de l'argent pour devenir propriétaire de biens. Par conséquent, tout progrès humain repose sur la maîtrise des principes de l'enrichissement.

Le dessein de toute vie est l'épanouissement. Toute créature possède le droit inaliénable de parvenir au sommet de ses aptitudes.

Le droit de l'individu à la vie signifie son droit à l'utilisation libre et sans limite de tous les biens nécessaires à son plein épanouissement mental, spirituel et physique ou, en d'autres termes, son droit à l'enrichissement.

Je ne traiterai pas ici des richesses au sens figuré. Être réellement riche ne signifie pas se satisfaire et se contenter de peu. Nul ne saurait se contenter de peu s'il est capable d'utiliser et de bénéficier d'un surcroît de richesses. Le dessein de la nature est que la vie évolue et s'épanouisse. Tout individu devrait posséder tout ce qui peut contribuer au dynamisme, à l'élégance, à la beauté et à la richesse de la vie. Ce serait un péché que d'ambitionner moins.

Celui qui possède tout ce qu'il désire pour mener une vie à la mesure de ses possibilités peut se dire riche. Nul ne peut avoir tout ce qu'il désire sans une grande quantité d'argent. La vie s'est développée de manière telle, elle est devenue si complexe, que même l'individu lambda a besoin d'une quantité importante de richesses pour vivre dans une quasi-plénitude. Chacun de nous aspire naturellement à devenir ce dont il est capable. Un tel désir d'accomplir son potentiel inné est inhérent à la nature humaine : on ne peut s'empêcher de vouloir devenir ce dont on est capable. Réussir dans la vie consiste à devenir ce que l'on veut être. On n'y parvient qu'en utilisant des biens, et ce n'est qu'en étant suffisamment riche pour se procurer ces biens qu'il est possible de les utiliser librement. Comprendre les principes de l'enrichissement est donc le premier des savoirs.

Vouloir s'enrichir n'est pas répréhensible. Le désir de richesses revient réellement à aspirer à une vie plus riche, plus intense et plus abondante. Un tel désir est digne d'éloges. Celui qui ne désire pas vivre dans plus d'abondance est anormal ; de ce fait, quiconque ne désire pas posséder tout l'argent nécessaire pour acheter ce qu'il veut est anormal.

Q. Que voulez-vous être ?

Nous avons trois raisons de vivre: nous vivons pour le corps, l'esprit et l'âme. Aucun ne prévaut sur les deux autres : ils sont également acceptables et nul, du corps, de l'esprit ou de l'âme, ne peut s'épanouir pleinement si les deux autres n'existent pas ou ne s'expriment pas pleinement. Il n'est ni juste ni noble de vivre seulement pour l'âme en reniant l'esprit et le corps, de même que vivre pour l'intellect aux dépens du corps et de l'âme est une erreur.

Nous n'ignorons pas les conséquences détestables d'une vie passée à satisfaire le corps au détriment de l'esprit et de l'âme. Nous constatons que la vraie vie signifie l'expression totale de ce qu'une personne peut donner par son corps, son esprit et son âme. Quoi qu'on dise, être vraiment heureux ou comblé implique que le corps vive pleinement dans toutes ses fonctions et qu'il en soit de même pour son esprit et son âme. Un potentiel inhibé ou des fonctions inutilisées engendrent des désirs insatisfaits. Le désir est une possibilité qui cherche à s'exprimer ou une fonction qui cherche à s'accomplir.

Le corps humain ne s'épanouira pleinement que grâce à une alimentation satisfaisante, à des vêtements dans lesquels il se sent à l'aise, à un logement confortable et à un labeur raisonnable. Le repos et la détente doivent en ponctuer les activités physiques.

Un esprit ne s'épanouira pas sans lecture et le temps disponible pour étudier, sans la possibilité de voyager et d'observer, ni sans compagnie intellectuelle.

# Le droit d'être riche

Pour que notre esprit existe pleinement, il nous faut des récréations intellectuelles et pouvoir s'entourer de tous les objets d'art et de valeur qu'on est capable d'utiliser et d'apprécier.

Pour que notre âme existe pleinement, il nous faut être aimé ; or, amour et pauvreté ne font pas bon ménage.

Pouvoir prodiguer toutes sortes de bienfaits aux êtres aimés est le plus grand des bonheurs. L'amour trouve son expression la plus naturelle et la plus spontanée dans l'acte de donner. Qui ne possède rien n'est pas en mesure de jouer son rôle d'époux, de parent, de citoyen ou tout simplement d'être humain. C'est dans l'usage des biens matériels qu'une personne vit pleinement son corps, développe son esprit et épanouit son âme. Être riche est donc de la plus haute importance.

*Que vous désiriez être riche est tout ce qu'il y a de plus naturel. Une personne normale ne peut s'en empêcher. Il est tout à fait naturel que vous soyez très attentif aux principes de l'enrichissement, car ils constituent le plus noble et le plus indispensable des apprentissages. Négliger cet apprentissage, c'est faillir à son devoir envers soi, envers Dieu et envers l'humanité. En effet, c'est en donnant le meilleur de soi-même que l'on rend le plus grand service à Dieu et à l'humanité.*

# 2

S'enrichir
est une science

Il existe une Science de l'Enrichissement. C'est une science exacte, comme l'algèbre ou l'arithmétique. Certaines lois gouvernent le processus d'acquisition des richesses. Quiconque apprend et respecte ces lois est mathématiquement certain de devenir riche.

La possession d'argent et de biens résulte d'une Certaine Manière d'agir. Deviennent riches ceux qui agissent de cette Certaine Manière, délibérément ou accidentellement. Tandis que ceux qui ne suivent pas cette Certaine Manière d'agir, peu importe leur ardeur au travail ou leurs capacités, demeurent pauvres.

C'est une loi naturelle : les mêmes causes produisent toujours les mêmes effets. Dès lors, devient infailliblement riche quiconque apprend à agir de cette Certaine Manière.

Les faits suivants témoignent de la véracité de l'énoncé ci-dessus.

Devenir riche n'est pas une question d'environnement, car si c'était le cas, toutes les personnes vivant dans certains quartiers deviendraient riches, les gens d'une même ville seraient tous riches, tandis que ceux d'autres villes seraient tous pauvres, ou les habitants d'un État rouleraient sur l'or, tandis que ceux d'un État voisin vivraient dans la pauvreté.

Mais partout nous voyons des riches et des pauvres vivre côte à côte dans le même environnement et exercer souvent la même profession. Lorsque deux hommes vivent dans la même localité et exercent la même activité et que l'un devient riche tandis que l'autre demeure pauvre, cela prouve que devenir riche n'est pas essentiellement une question d'environnement. Certains environnements peuvent être plus favorables que d'autres, mais le fait que sur deux personnes exerçant la même activité et vivant dans le même voisinage, l'une devienne riche et l'autre échoue, indique que devenir riche est le résultat d'une Certaine Manière d'agir.

Par ailleurs, la capacité d'agir de cette Certaine Manière ne découle pas uniquement de la possession d'un talent, car beaucoup de personnes très talentueuses restent pauvres tandis que d'autres de peu de talent deviennent riches.

Si l'on observe les personnes qui sont devenues riches, on remarque qu'elles ne sortent pas du lot : elles n'ont pas plus de talent ni de capacités que les autres. Il est évident qu'elles ne deviennent pas riches parce qu'elles possèdent des talents et des capacités que les autres n'ont pas, mais bien parce qu'elles agissent d'une Certaine Manière.

Devenir riche ne résulte pas d'une habitude de modération ni de l'épargne. Nombreux sont les parcimonieux pauvres, tandis que ceux qui dépensent librement deviennent souvent riches.

Devenir riche, ce n'est pas non plus faire ce que les autres omettent de faire, car deux hommes qui exercent la même activité font souvent exactement les mêmes choses, et l'un devient riche alors que l'autre reste pauvre ou fait faillite.

De tout cela, nous devons en conclure que devenir riche résulte d'une Certaine Manière d'agir.

Si devenir riche est le résultat d'une Certaine Manière d'agir et si les mêmes causes produisent toujours les mêmes effets, quiconque est à même d'agir de cette Manière est capable de devenir riche, et le problème ressort du domaine de la science exacte.

On peut se demander ici si cette Certaine Manière n'est pas si difficile à mettre en œuvre que seuls quelques-uns sont capables de la mettre en pratique. Cela ne peut s'avérer vrai, comme nous l'avons vu, pour ce qui concerne les capacités naturelles de l'homme. Deviennent riches des personnes talentueuses et des imbéciles, des personnes intellectuellement brillantes et des personnes très stupides, des personnes physiquement solides et des personnes faibles et souffreteuses.

Une certaine capacité de penser et de comprendre est, bien sûr, essentielle. Mais, en ce qui concerne les capacités naturelles de l'homme, toute personne suffisamment sensée pour lire et comprendre ces mots peut certainement devenir riche.

Par ailleurs, nous avons vu que ce n'est pas une question d'environnement même si le lieu joue un rôle : vous n'allez pas vous rendre au coeur du Sahara et espérer développer une affaire fructueuse.

Devenir riche implique la nécessité de traiter avec les gens et de se trouver là où il y a des gens avec qui traiter. Et si ces gens sont enclins à traiter de la même manière que vous, tant mieux. Mais la question de l'environnement ne va pas plus loin que cela.

Si n'importe qui d'autre dans votre ville peut devenir riche, vous le pouvez également. Et si n'importe qui d'autre dans votre région peut devenir riche, vous le pouvez aussi.

À nouveau, il ne s'agit pas de choisir une activité ou une profession particulière. Il existe des personnes qui deviennent riches dans toutes les activités et dans toutes les professions alors que leurs voisins qui exercent la même profession demeurent dans la pauvreté.

Il est vrai que vous réussirez mieux dans une activité qui vous plaît et qui vous est agréable. Et si vous bénéficiez de certains talents très développés, vous réussirez mieux dans une activité qui fait appel à l'exercice de ces talents.

Par ailleurs, vous réussirez le mieux dans une activité adaptée à votre région. Un salon de glaces aura plus de succès dans un climat chaud qu'au Groenland et une pêcherie de saumon réussira mieux au Nord-Ouest qu'en Floride, où il n'y a pas de saumon.

Mais, mis à part ces restrictions générales, devenir riche ne dépend pas de votre engagement dans une activité particulière, mais bien de votre apprentissage à agir d'une Certaine Manière. Si vous exploitez une affaire en ce moment et que quelqu'un d'autre dans votre région s'enrichit en exerçant la même activité que vous et que ce n'est pas votre cas, c'est que vous n'agissez pas de la même Manière que cette autre personne.

Le manque de capital n'empêche personne de devenir riche. Il est vrai qu'avec du capital, il est plus aisé de se développer rapidement. Mais celui qui a du capital est déjà riche et n'a pas besoin d'envisager comment le devenir. Peu importe votre degré de pauvreté, si vous commencez à agir d'une Certaine Manière, vous deviendrez riche et vous aurez du capital. L'obtention de capital fait partie du processus d'enrichissement et du résultat qui suit invariablement la Certaine Manière d'agir. Vous pouvez être l'homme le plus pauvre du continent et être profondément endetté, vous pouvez ne pas avoir d'amis ni d'influence ni de ressources, si vous commencez à agir de cette Manière, vous devez infailliblement commencer à devenir riche, car les mêmes causes doivent produire les mêmes effets. Si vous n'avez pas de capital, vous pouvez en obtenir. Si vous exercez une activité qui ne vous convient pas, vous pouvez accéder à celle qui vous convient. Si vous vous trouvez au mauvais endroit, vous pouvez vous rendre au bon endroit. Vous pouvez poser ces actes dans votre activité actuelle et là où vous vous trouvez maintenant, et agir d'une Certaine Manière qui engendre le succès. Vous devez commencer à vivre en harmonie avec les lois qui gouvernent l'Univers.

# 3

# Les opportunités sont-elles monopolisées?

PERSONNE ne demeure pauvre parce que toute opportunité lui a été retirée ou parce que d'autres personnes ont monopolisé les richesses et les ont barricadées. Certains domaines d'activité peuvent vous être fermés, mais d'autres canaux vous sont ouverts. Il vous sera probablement difficile d'obtenir le contrôle d'un des grands systèmes ferroviaires, ce domaine étant assez bien monopolisé. Mais l'activité du chemin de fer électrique en est encore à ses débuts et offre de nombreuses possibilités d'entreprise. Il faudra encore attendre quelques années avant que le trafic et les transports aériens ne se transforment en une grande industrie et que l'ensemble de leurs filiales donnent du travail à des centaines de milliers, voire des millions de personnes. Pourquoi ne pas vous intéresser au développement du transport aérien plutôt que de concurrencer J.J. Hill et les autres, dans l'espoir d'entrer dans le monde du chemin de fer à vapeur ?

Il est vrai qu'en tant qu'ouvrier travaillant pour le cartel de l'acier, vous avez très peu de chance de devenir propriétaire de l'usine dans laquelle vous travaillez. Mais il est également vrai que si vous commencez à agir d'une Certaine Manière, vous pourrez bientôt quitter l'emploi que vous occupez dans le cartel de l'acier, acheter une ferme de cinq à vingt hectares et vous lancer dans les affaires comme producteur alimentaire. Une grande opportunité s'ouvre en ce moment à ceux qui s'en vont vivre sur de petites étendues de terrain pour les cultiver intensément. Ces hommes deviendront certainement riches. Vous pouvez me dire qu'il vous est impossible d'acquérir le terrain, et je vais vous prouver que ça ne l'est pas et que vous pouvez certainement acquérir une ferme si vous vous mettez à travailler d'une Certaine Manière.

À différentes périodes, le courant des possibilités suit différentes directions en fonction des besoins de l'ensemble et de l'étape particulière atteinte par l'évolution sociale. En ce moment, en Amérique, ce courant se dirige vers l'agriculture, les industries et les professions qui s'y rattachent. Aujourd'hui, une opportunité s'ouvre à l'ouvrier qui travaille à la chaîne en usine. Elle s'ouvre à l'homme d'affaires qui approvisionne le fermier plus qu'à celui qui fournit le travailleur en usine, et au professionnel qui sert le fermier plus qu'à celui qui sert la classe ouvrière.

Il y a une abondance d'opportunités pour l'homme qui suit le sens du courant plutôt que de tenter de nager à contre-courant.

De sorte que les ouvriers d'usine, en tant qu'individu ou en tant que classe, ne sont pas privés de possibilités. Les travailleurs ne sont pas « limités » par leurs maîtres. Ils ne sont pas « retenus au sol » par les cartels et les coalitions. En tant que classe, ils se trouvent là où ils sont parce qu'ils n'agissent pas d'une Certaine Manière. Si les travailleurs d'Amérique choisissaient d'agir d'une Certaine Manière, ils pourraient suivre l'exemple de leurs confrères en Belgique et dans d'autres pays, et monter de grands magasins et des industries coopératives. Ils pourraient élire des hommes de leur classe pour gouverner et faire passer des lois favorisant le développement de telles industries coopératives. Et, dans quelques années, ils pourraient s'approprier paisiblement le domaine industriel.

La classe ouvrière pourra devenir la classe maîtresse à partir du moment où elle commencera à agir d'une Certaine Manière. La loi de la fortune est la même pour elle que pour tous les autres. C'est ce que les ouvriers doivent apprendre. Et ils resteront là où ils sont tant qu'ils continueront à agir comme ils le font. Le travailleur individuel, toutefois, n'est pas retenu par l'ignorance ou l'indolence de sa classe. Il peut suivre le courant des opportunités qui mènent aux richesses, et ce livre va lui expliquer comment y arriver.

Personne n'est maintenu dans la pauvreté par une pénurie de richesses. Il y en a plus qu'assez pour tout le monde. Un palais aussi vaste que le Capitole à Washington pourrait être construit pour chaque famille sur Terre, à l'aide des seuls matériaux de construction des États-Unis. Et, par une culture intensive, ce pays produirait suffisamment de laine, de coton, de lin et de soie pour vêtir le monde entier de vêtements plus raffinés que ceux portés par Salomon à l'apogée de sa gloire, et il offrirait assez de nourriture pour nourrir tout le monde à profusion.

Les réserves visibles sont pratiquement inépuisables et les réserves invisibles SONT réellement inépuisables.

Tout ce que vous voyez sur Terre est formé d'une substance originelle de laquelle tout provient.

De nouvelles Formes sont constamment fabriquées tandis que les plus anciennes se dissolvent. Mais, toutes ces formes sont adoptées par Une Chose Unique.

Il n'y a pas de limite aux réserves de la Matière Informe ou de la Substance d'Origine. L'Univers en est composé, mais elle ne fut pas utilisée dans sa totalité pour le fabriquer. Les espaces dans, à travers et entre les formes de l'Univers visible sont imprégnés et emplis de la Substance d'Origine ou Matière Informe, la matière première de toutes choses. Un nombre dix mille fois ègal à ce qui a été fabriqué peut encore l'être, et même ainsi nous n'aurions pas épuisé les réserves de la matière première universelle.

Par conséquent, aucun homme n'est pauvre parce que la nature est pauvre ou parce qu'il n'y a pas suffisamment de réserves en circulation.

La nature est un entrepôt inépuisable de richesses. Les réserves ne viendront jamais à manquer. La Substance d'Origine est vive d'énergie créatrice et elle est constamment en train de produire davantage de formes. Lorsque la réserve de matériaux de construction s'épuise, d'autres sont produits. Lorsque le sol est épuisé au point que la nourriture et les matériaux de confection n'y poussent plus, il se produit un renouvellement de ces derniers ou la création de nouveaux sols. Lorsque tout l'or et l'argent auront été extraits de la terre et si l'homme se trouve toujours dans une étape de développement social où l'or et l'argent sont nécessaires, il en sera produit davantage à partir de l'Informe. La Substance Informe répond aux besoins de l'homme. Elle ne le laissera pas sans ressources.

C'est vrai pour l'homme collectivement. La race dans son ensemble est toujours abondamment riche, et si des individus sont pauvres, c'est parce qu'ils n'agissent pas de cette Certaine Manière qui rend l'homme individuel riche.

La Substance Informe est intelligente. C'est une substance qui pense. Elle est vivante et toujours poussée vers un surcroît de vie.

C'est l'impulsion naturelle et inhérente à la vie que de chercher à vivre davantage. C'est dans la nature de l'intelligence de se développer et dans celle de la conscience de chercher à étendre ses frontières et à trouver une expression plus pleine. L'univers des formes a été fabriqué par la Substance Vivante Informe qui se projette dans une forme pour pouvoir s'exprimer plus pleinement.

L'Univers est une grande Présence Vivante qui fondamentalement se déplace toujours vers plus de vie et un fonctionnement plus complet.

La nature est formée pour développer la vie. Sa raison pressante, c'est d'accroître la vie. C'est pourquoi tout ce qui est susceptible de pourvoir à la vie est fourni avec générosité. Il ne peut y avoir de manque, sinon Dieu se contredirait lui-même et invaliderait ses propres oeuvres.

Vous n'êtes pas maintenu dans la pauvreté par la pénurie des richesses. C'est un fait que je vais démontrer encore davantage, dans le sens où même les ressources de la Réserve Informe sont sous le contrôle de quiconque va agir et penser d'une Certaine Manière.

# 4

# Le premier principe de la Science de l'Enrichissement

La pensée est le seul pouvoir capable de produire des richesses tangibles à partir de la Substance Informe. La matière dont est fabriquée toute chose est une substance qui pense, et une pensée formelle dans cette substance produit la forme.

La Substance d'Origine se déplace en fonction de ses pensées. Chaque forme et processus que vous observez dans la nature sont l'expression visible d'une pensée émise dans la Substance d'Origine. Lorsque la Matière Informe pense à une forme, elle prend cette forme. Lorsqu'elle pense à un mouvement, elle crée ce mouvement. C'est ainsi que fut créée toute chose. Nous vivons dans un monde de pensées qui fait partie d'un univers de pensées. La pensée d'un univers en mouvement, prolongée au travers de la Substance Informe, et le déplacement de la Matière Pensante en fonction de cette pensée, ont engendré les systèmes des planètes et maintiennent cette forme. La Substance Pensante prend la forme de sa pensée et se déplace en fonction de celle-ci. En maintenant l'idée d'un système tournant de soleils et de mondes, elle prend la forme de ces organismes et les déplace selon sa pensée. En pensant à la forme d'un chêne à croissance lente, elle se meut en conséquence et produit l'arbre, même si des siècles s'avèrent nécessaires à la réalisation de ce travail. En créant, l'Informe semble se mouvoir selon les lignes de mouvement qu'il a établies. La pensée d'un chêne ne provoque pas la formation instantanée d'un arbre à sa maturation, mais elle met en mouvement les forces qui produiront l'arbre selon des lignes de croissance établies.

Chaque pensée formelle maintenue dans la Substance Pensante provoque la création de la forme, mais toujours, ou en règle générale au moins, selon les lignes de croissance et d'action déjà établies.

Si elle était imprimée sur la Substance Informe, la pensée d'une maison qui présente un certain type de construction ne pourrait pas provoquer la formation instantanée de la maison, mais elle provoquerait la transformation des énergies créatrices déjà à l'œuvre dans les activités et le commerce selon des canaux permettant la construction rapide de la maison. Et en cas d'absence de tels canaux par lesquels l'énergie créatrice pourrait travailler, la maison serait directement formée à partir de la substance primaire, sans attendre les lents processus du monde organique et inorganique.

Aucune pensée formelle ne peut être imprimée sur la Substance d'Origine sans provoquer la création de la forme.

L'homme est un centre pensant qui peut projeter sa pensée. Toutes les formes que l'homme façonne par ses mains doivent d'abord exister dans sa pensée. Il ne peut donner forme à quoi que ce soit sans l'avoir pensé.

Jusqu'à présent, l'homme a totalement confiné ses efforts au travail de ses mains. Il a appliqué le travail manuel au monde des formes en cherchant à changer ou à modifier celles qui existent déjà. Il n'a jamais pensé à engendrer la création de nouvelles formes en imprimant ses pensées sur la Substance Informe.

Lorsque l'homme a une forme-pensée, il choisit un matériau parmi les formes naturelles et il fabrique une image de la forme qu'il a à l'esprit. Jusque-là, il a fourni peu d'efforts, voire aucun, pour coopérer avec l'Intelligence Informe. L'homme remodèle et modifie les formes existantes par un travail manuel. Il n'accorde aucune attention à sa capacité de production à partir de la Substance Informe, par la communication de ses pensées. Nous nous proposons de prouver qu'il peut le faire, de prouver que tout un chacun peut le faire, et de montrer comment. Comme première étape, nous devons établir trois propositions fondamentales.

Premièrement, nous affirmons qu'il existe une matière ou une substance informe originelle de laquelle tout provient. La multitude d'éléments apparents constitue différentes présentations d'un même élément. Les nombreuses formes trouvées dans la nature organique et inorganique ne sont que différentes formes fabriquées à partir de la même matière. Et cette matière est une matière pensante. Une pensée gardée à l'esprit produit la forme de la pensée. Dans la substance pensante, la pensée produit des formes. L'homme est un centre pensant capable de la pensée originelle. S'il peut communiquer sa pensée à la substance pensante originelle, il peut provoquer la création ou la formation de ce à quoi il pense.

En résumé :

*Il existe une Matière Pensante de laquelle provient toute chose et qui, dans son état originel, imprègne, pénètre et emplit les interstices de l'Univers.*

*Dans cette Substance, une pensée produit ce qu'elle imagine.*

C'est ainsi que l'on crée ou co-crée

*Chacun peut former des choses dans sa pensée, et, en imprimant sa pensée sur la Substance Informe, provoquer la création de la chose à laquelle il pense.*

Vous pouvez vous demander si je suis à même de prouver ces affirmations. Sans entrer dans le détail, je vous répondrai que je peux le faire à la fois par la logique et par l'expérience.

Si je reprends ce raisonnement à partir du phénomène de la forme et de la pensée, j'arrive à une substance pensante originelle. Et si je raisonne à partir de cette substance pensante, j'arrive au pouvoir qu'a l'homme de provoquer la formation de ce à quoi il pense.

Et l'expérience a prouvé la véracité de ce raisonnement. C'est là ma preuve la plus solide.

Si un homme qui lit ce livre devient riche en suivant ces instructions, cet exemple soutient ma revendication. Mais si quiconque suit les instructions de ce livre devient riche, c'est une preuve positive de ce que j'expose, jusqu'à ce que quelqu'un exécute le processus et échoue. La théorie est vraie jusqu'à ce que le processus échoue. Et ce processus n'échouera pas, car quiconque agit exactement comme ce livre le lui dit deviendra riche.

J'ai dit que les hommes deviennent riches en agissant d'une Certaine Manière. Et pour ce faire, ils doivent être capables de penser d'une certaine manière.

La manière d'agir d'un homme est le résultat direct de sa manière de penser.

Pour agir de la manière dont vous voulez agir, vous devez acquérir la capacité de penser de la manière dont vous voulez penser. C'est la première étape vers l'enrichissement.

Penser ce que vous voulez penser, c'est penser la VÉRITÉ, indépendamment des apparences.

Chacun a le pouvoir naturel et inné de penser ce qu'il veut penser, mais cela nécessite bien plus d'efforts que de penser les pensées suggérées par les apparences. Penser selon les apparences est aisé. Penser la vérité indépendamment des apparences est laborieux et requiert l'utilisation de bien plus de puissance que pour n'importe quel autre travailleur.

# Le premier principe de la Science

Il n'existe pas d'autre tâche à laquelle la plupart des gens se dérobent que celle de maintenir et de cumuler une pensée. C'est le travail le plus difficile au monde. Cela se révèle particulièrement vrai lorsque la vérité est contraire aux apparences. Chaque apparence du monde visible tend à produire une forme correspondante dans l'esprit qui l'observe. Empêcher cela n'est possible qu'en maintenant la pensée de la VÉRITÉ.

Considérer les apparences de la maladie produira la forme de la maladie dans votre propre esprit et finalement dans votre corps, à moins que vous ne mainteniez la pensée de la vérité, c'est-à-dire qu'il n'y a pas de maladie – ce n'est qu'une apparence : la réalité c'est la santé.

Considérer les apparences de la pauvreté produira les formes correspondantes dans votre propre esprit, à moins que vous ne vous accrochiez à la vérité qu'il n'y a pas de pauvreté : il n'y a que l'abondance.

Penser à la santé lorsque vous êtes entouré d'apparences de la maladie ou penser aux richesses parmi les apparences de la pauvreté demande du pouvoir. Celui qui acquiert ce pouvoir devient un ESPRIT SUPÉRIEUR. Il peut conquérir son destin. Il peut avoir ce qu'il désire.

Ce pouvoir ne peut être acquis qu'en contrôlant ce qui se cache derrière toutes les apparences. C'est qu'il existe une Substance Pensante, de laquelle et par laquelle provient toute chose.

Ensuite, nous devons appréhender la vérité que chaque pensée maintenue dans cette substance devient une forme et que l'homme peut ainsi imprimer ses pensées sur cette substance de manière à les amener à prendre forme et à devenir visibles.

Lorsque nous réalisons ceci, nous abandonnons nos doutes et nos peurs, car nous savons que nous pouvons créer ce que nous voulons. Nous pouvons obtenir ce que nous voulons avoir et nous pouvons devenir ce que nous voulons être. Comme première étape vers l'enrichissement, vous devez croire aux trois énoncés fondamentaux cités plus tôt dans ce chapitre. Je les répète ici :

1    *Il existe une Matière Pensante de laquelle provient toute chose et qui, dans son état originel, imprègne, pénètre et emplit les interstices de l'univers.*

2    *Dans cette Substance, une pensée produit ce qu'elle imagine.*

3 ·  *Chacun peut former des choses dans sa pensée, et, en imprimant sa pensée sur la Substance Informe, provoquer la création de la chose à laquelle il pense.*

Vous devez laisser de côté tous les autres concepts de l'Univers au bénéfice de ce concept monistique. Et vous devez vous concentrer sur celui-ci jusqu'à ce qu'il soit fixé dans votre esprit et qu'il se transforme en une pensée habituelle. Lisez et relisez continuellement ce credo. Fixez chaque mot dans votre mémoire et méditez dessus jusqu'à ce que vous croyiez fermement à ce qu'ils disent. S'il vous prenait un doute, rejetez-le tel un péché. N'écoutez pas les arguments qui vont à l'encontre de cette idée. N'assistez à aucune messe ou conférence qui prêche ou enseigne un concept contraire à celui-ci. Ne lisez pas de magazines ni de livres qui enseignent une idée différente. Si votre foi s'embrouille, tous vos efforts seront vains.

Ne demandez pas pourquoi tout ceci est avéré et ne spéculez pas sur ce qui peut l'avérer. Acceptez-le simplement avec confiance.

La science de l'enrichissement commence par l'acceptation absolue de ce credo.

# 5

# L'accroissement de la vie

Vous devez vous débarrasser des derniers vestiges de cette vieille idée selon laquelle il existe une Déité qui veut que vous soyez pauvre ou que vous puissiez servir en demeurant dans la pauvreté.

La Substance Intelligente, qui est Tout et qui est en Tout, qui vit en Tout et qui vit en vous, est une Substance consciemment Vivante. En tant que substance consciemment vivante, Elle doit posséder la nature et le désir inhérent à chaque intelligence vivante d'accroître la vie. Chaque entité vivante doit continuellement chercher à développer sa vie, parce que la vie, dans le simple acte de vivre, doit se développer.

Une semence jetée dans le sol surgit de terre et par l'acte de vivre produit une centaine d'autres semences. La vie, en vivant, se multiplie. Elle devient plus à jamais. Elle doit le faire, si elle veut continuer à être.

L'intelligence ressent cette même nécessité d'accroissement continu. Chaque pensée que nous pensons engendre la nécessité de penser une autre pensée. La conscience est en expansion continuelle. Chaque fait que nous apprenons nous amène à l'apprentissage d'un autre fait. La connaissance croît continuellement. Chaque talent que nous cultivons amène à l'esprit le désir de cultiver un autre talent. Nous sommes soumis à l'urgence de la vie qui cherche à s'exprimer, qui nous entraîne toujours à connaître davantage, à agir davantage et à être davantage.

# L'accroissement de la vie

Pour pouvoir savoir davantage, agir davantage et être davantage, nous devons avoir davantage. Nous devons avoir des biens à utiliser, car nous apprenons, nous agissons et nous devenons uniquement en utilisant des biens. Nous devons devenir riches pour pouvoir vivre davantage.

Le désir de richesses, c'est simplement la capacité d'une vie plus vaste qui cherche à s'accomplir. Chaque désir est l'effort d'une possibilité non exprimée à entrer en action. C'est le pouvoir cherchant à se manifester qui cause le désir. Ce qui vous pousse à vouloir plus d'argent est identique à ce qui fait pousser la plante. C'est la Vie. C'est chercher une expression plus complète.

La Substance Vivante Unique doit être soumise à cette loi inhérente à toute vie. Elle est imprégnée du désir de vivre davantage. C'est pour cela qu'elle ressent la nécessité de créer des biens.

La Substance Unique désire vivre davantage en vous. Dès lors, elle souhaite que vous ayez tout ce que vous pouvez utiliser.

C'est le désir de Dieu que vous deveniez riche. Il veut que vous soyez riche parce qu'il peut mieux s'exprimer à travers vous si vous avez de nombreux biens à utiliser pour lui donner une expression. Il peut vivre davantage en vous si vous avez un contrôle illimité sur les outils de vie.

L'Univers veut que vous ayez tout ce que vous voulez avoir.

La nature accueille vos plans.

Tout est disponible naturellement pour vous.

Faites-vous à l'idée que c'est vrai.

Il est essentiel, toutefois, que votre but s'harmonise avec le but qui est en Tout.

Vous devez vouloir la vraie vie, pas le simple plaisir de la gratification sensuelle. La vie est la réalisation d'une fonction et l'individu ne vit réellement que lorsqu'il exécute chaque fonction physique, mentale et spirituelle qu'il est à même d'exécuter, sans excès pour aucune.

Vous ne voulez pas devenir riche pour vivre salement et gratifier des désirs animaux. Cc n'est pas la vie. La réalisation de chaque fonction physique est une partie de la vie et personne ne vit pleinement s'il nie l'expression normale et salutaire des impulsions de son corps.

Vous ne voulez pas devenir riche uniquement pour profiter des plaisirs mentaux, apprendre de nouvelles connaissances, gratifier votre ambition, éclipser autrui et être célèbre. Tous ces plaisirs sont une part légitime de la vie, mais l'homme qui vit uniquement pour les plaisirs de l'intellect n'aura qu'une vie partielle et ne sera jamais satisfait de son lot.

# L'accroissement de la vie

Vous ne voulez pas devenir riche uniquement pour le bien des autres, en vous perdant pour le salut de l'humanité, pour expérimenter les joies de la philanthropie et du sacrifice. Les joies de l'âme ne sont qu'une partie de la vie et elles ne sont ni meilleures ni plus nobles que les autres.

Vous voulez devenir riche pour pouvoir manger, boire et être joyeux au moment opportun, pour pouvoir vous entourer de belles choses, voir des pays éloignés, nourrir votre esprit et développer votre intellect, pour pouvoir aimer autrui, accomplir de bonnes actions et être capable de jouer un rôle positif pour aider le monde à trouver la vérité.

Souvenez-vous que l'altruisme extrême n'est ni meilleur ni plus noble que l'égoïsme extrême. Tous deux sont des erreurs.

Abandonnez l'idée que Dieu veut que vous vous sacrifiiez pour les autres et que vous pouvez garantir ses faveurs ce faisant. Dieu ne demande rien de la sorte.

Ce qu'il souhaite, c'est que vous donniez le meilleur de vous-même pour vous-même et pour les autres; vous pouvez davantage aider les autres en donnant le meilleur de vous-même que de toute autre manière.

Vous pouvez donner le meilleur de vous-même uniquement en devenant riche. De sorte qu'il est juste et digne de louange que vous accordiez votre première et meilleure pensée à acquérir des richesses.

Toutefois, rappelez-vous que le désir de la Substance concerne *tout* et que ses mouvements doivent engendrer un surcroît de vie pour tout. Il n'est pas possible de la faire fonctionner pour générer moins de vie à quiconque, parce qu'elle est égale en tout et qu'elle recherche les richesses et la vie.

La Substance Intelligente créera des choses pour vous, mais elle ne retirera rien à personne pour vous les donner.

Vous devez abandonner la pensée de la compétition. Vous devez créer et non rivaliser pour ce qui est déjà créé.

Vous ne devez rien retirer à personne.

Vous ne devez pas être dur en affaires.

Vous ne devez pas tricher ou exploiter. Vous n'avez pas besoin de faire travailler quelqu'un pour lui donner moins que ce qu'il gagne.

Vous ne devez pas convoiter la propriété d'autrui ni la regarder avec envie. Personne ne possède quoi que ce soit que vous ne puissiez avoir, et cela, sans le lui retirer.

Vous devez devenir un créateur et non un concurrent. Vous allez obtenir ce que vous voulez, mais de manière telle que lorsque vous l'obtiendrez, autrui aura plus que ce qu'il a maintenant.

# L'accroissement de la vie

Je suis conscient que certains obtiennent une grande quantité d'argent en procédant de manière directement opposée aux énoncés du paragraphe ci-dessus ; je peux ajouter un mot d'explication là-dessus. Les ploutocrates qui deviennent très riches le font parfois purement grâce à leur extraordinaire capacité de compétition. Et parfois, ils se relient inconsciemment à la Substance dans ses plus grands desseins et mouvements vers l'élévation raciale générale au travers de l'évolution industrielle. Rockefeller, Carnegie, Morgan et autres ont été les agents inconscients du Suprême dans le travail nécessaire de systématisation et d'organisation d'une industrie productive et, en finale, leur travail contribuera immensément à améliorer la vie de tous. Leur temps est presque terminé. Ils ont organisé la production et ils seront bientôt suivis par les agents de la multitude, qui organiseront la distribution.

Les multimillionnaires sont comme les monstres reptiliens de l'ère préhistorique. Ils jouent un rôle nécessaire dans le processus d'évolution, mais ce même pouvoir qui les a produits les fera disparaître. Et il convient de garder à l'esprit qu'ils n'ont jamais été réellement riches. Un rapport sur la vie privée de la majorité de cette classe montrerait qu'ils ont représenté les plus pitoyables et les plus misérables des pauvres.

Les richesses assurées sur le plan concurrentiel ne sont jamais satisfaisantes ni permanentes. Elles sont à vous aujourd'hui et à quelqu'un d'autre demain. Souvenez-vous, si vous devez devenir riche d'une manière scientifique et certaine, vous devez totalement vous élever au-dessus de la pensée concurrentielle. Vous ne devez jamais penser un seul moment que les réserves sont limitées. Dès que vous commencez à penser que l'argent est « coincé » et contrôlé par les banquiers et autres et que vous devez vous employer à faire passer des lois pour mettre fin à ce processus et ainsi de suite, à ce moment vous retombez dans l'esprit compétitif et votre pouvoir de création a disparu momentanément. Pire encore, vous arrêtez probablement les mouvements créateurs déjà instaurés.

SACHEZ qu'il y a une valeur incalculable de millions de dollars d'or dans les montagnes de la Terre qui n'a pas encore été découverte. Et sachez que s'il n'y en avait pas, la Substance Pensante en créerait davantage pour répondre à vos besoins.

SACHEZ que l'argent dont vous avez besoin viendra, même si un millier d'hommes doivent être amenés à découvrir de nouvelles mines d'or demain.

*N'examinez jamais les réserves visibles. Regardez toujours les richesses illimitées dans la Substance Informe et SACHEZ qu'elles viennent à vous aussi vite que vous êtes à même de les recevoir et de les utiliser.* Personne ne peut vous empêcher d'obtenir ce qui est vôtre en accaparant les réserves *visibles*.

# L'accroissement de la vie

Dès lors, ne vous permettez jamais de penser un seul instant que les meilleurs terrains de construction seront pris avant que vous ne soyez prêts à construire votre maison à moins de vous dépêcher. Ne craignez pas les trusts et les cartels, ni qu'ils en arrivent bientôt à posséder la Terre entière. Ne craignez jamais de perdre ce que vous désirez parce qu'une autre personne « l'obtiendra avant vous ». Cela ne peut se produire. Vous ne recherchez pas ce qu'autrui possède. Vous provoquez la création de ce que vous voulez à partir de la Substance Informe, et l'offre est sans limite. Tenez-vous-en à l'énoncé :

*Il existe une Matière Pensante de laquelle provient toute chose et qui, dans son état originel, imprègne, pénètre et emplit les interstices de l'univers.*

*Dans cette Substance, une pensée produit ce qu'elle imagine.*

*Chacun peut former des choses dans sa pensée, et, en imprimant sa pensée sur la Substance Informe, provoquer la création de la chose à laquelle il pense.*

6

# Comment les richesses viennent à vous

Lorsque je dis que vous ne devez pas être dur en affaires, je ne veux pas dire que vous ne devez pas mener d'affaires du tout ou qu'il ne vous est pas nécessaire d'effectuer des transactions avec vos semblables. Je veux dire que vous n'aurez pas besoin de traiter avec eux de manière abusive. Vous ne devez rien obtenir pour rien, *mais vous pouvez donner à chacun plus que ce que vous ne lui prenez.*

Vous ne pouvez pas donner plus en valeur d'achat que vous ne prenez, mais vous pouvez donner plus en valeur d'usage que la valeur d'achat que vous prenez. Le papier, l'encre et autres matériaux de ce livre peuvent ne pas valoir l'argent que vous payez pour l'obtenir, mais si les idées suggérées dans ce livre vous apportent des milliers de dollars, vous n'avez pas été lésé par ceux qui vous l'ont vendu. Ils vous ont donné une grande valeur d'usage pour une faible valeur d'achat.

Supposons que je possède un tableau réalisé par un grand artiste qui, dans toute communauté civilisée, vaut des milliers de dollars. Je l'emporte à Baffin Ray et mon « art de la vente » fait que je persuade un Esquimau de me donner un ballot de fourrures d'une valeur de 500 dollars en échange. En réalité, je l'ai lésé, car il n'a que faire de ce tableau. Le tableau n'a aucune valeur d'usage pour lui. Il n'ajoutera rien à sa vie.

Mais supposez que je lui donne un fusil d'une valeur de 50 dollars pour ses fourrures. Dans ce cas, il a fait une bonne affaire. Le fusil, il en a usage. Il lui donnera bien plus de fourrures et de nourriture. Il ajoutera quelque chose à sa vie à tous les niveaux. Il le rendra riche.

Lorsque vous vous élevez du plan compétitif au plan créatif, vous pouvez examiner vos transactions commerciales de manière très stricte, et si vous vendez à quelqu'un quelque chose qui n'ajoute rien de plus à sa vie par rapport à la chose qu'il vous donne en échange, vous pouvez vous permettre d'arrêter cela. Vous ne devez pas tromper autrui en affaires. Et si vous participez à une activité qui lèse véritablement autrui, quittez-la immédiatement.

Donnez plus à chacun en valeur d'usage que vous ne lui prenez en valeur d'achat. Ainsi, vous accroissez la vie du monde par chaque transaction commerciale que vous effectuez.

Si des personnes travaillent pour vous, vous devez leur prendre plus en valeur d'achat que ce que vous ne leur payez comme salaire, mais vous pouvez organiser votre activité de manière à y introduire le principe d'accroissement, de sorte que chaque employé qui le souhaite puisse progresser un petit peu chaque jour.

Vous pouvez faire en sorte que votre activité fasse pour vos employés ce que ce livre fait pour vous. Vous pouvez également mener votre activité de manière à en faire une sorte d'échelle sur laquelle chaque employé qui s'en donne la peine peut grimper par lui-même vers la richesse. L'occasion lui étant donnée, s'il ne le fait pas, ce n'est pas votre faute.

Enfin, si vous devez provoquer la création de vos richesses à partir de la Substance Informe qui imprègne tout votre environnement, cela n'implique pas qu'elles doivent prendre forme dans l'atmosphère et devenir réalité sous vos yeux.

Si vous désirez une machine à coudre, par exemple, je ne vous dis pas que vous devez imprimer la pensée d'une machine à coudre sur la Substance Informe jusqu'à ce que la machine se forme, sans intervention humaine aucune, dans la pièce où vous vous trouvez ou ailleurs. Mais si vous désirez une machine à coudre, maintenez l'image mentale de celle-ci avec la certitude la plus positive qu'elle est en cours de création ou qu'elle s'achemine vers vous. Après avoir formé la pensée une première fois, ayez la foi la plus absolue et la plus totale que la machine à coudre est en chemin. N'y pensez jamais ou n'en parlez jamais autrement qu'en étant certain qu'elle arrive. Revendiquez-la comme étant déjà vôtre.

Elle vous sera amenée par le pouvoir de l'Intelligence Suprême qui agit sur l'esprit d'autrui. Si vous vivez dans le Maine, il se peut qu'un homme soit amené du Texas ou du Japon pour s'engager dans une transaction qui vous fera obtenir ce que vous voulez.

Dans ce cas, l'affaire dans son ensemble sera autant à l'avantage de cet homme qu'au vôtre.

N'oubliez pas un seul instant que la Substance Pensante imprègne tout, est en tout, communique avec tout et peut influencer tout. Le désir de la Substance Pensante pour une vie plus pleine et de meilleures conditions de vie a causé la création de toutes les machines à coudre déjà fabriquées. Et elle peut provoquer la création de millions d'autres. Elle le fera chaque fois que des hommes la mettront en mouvement par leur désir et leur foi et en agissant d'une Certaine Manière.

Il est certain que vous pouvez posséder une machine à coudre. Comme il est tout aussi certain que vous pouvez obtenir tout ce que vous désirez et que vous utiliserez pour accroître votre propre vie et celle des autres.

Vous ne devez pas hésiter à formuler de grandes demandes.

La Substance Originelle veut vivre tout ce qu'il est possible de vivre en vous et elle veut que vous ayez tout ce que vous pouvez utiliser ou tout ce que vous utiliserez pour vivre la vie la plus abondante.

Si vous fixez dans votre conscience le fait que le désir que vous ressentez pour la possession de richesses ne fait qu'un avec le désir du pouvoir suprême pour une expression plus complète, votre foi devient invincible.

Un jour, j'ai vu un petit garçon assis à un piano qui tentait vainement de créer une harmonie en tapant sur les touches. Je le voyais peiné et perturbé devant son incapacité à jouer de la vraie musique. Je lui ai demandé la cause de son tracas et il m'a répondu : « Je peux sentir la musique en moi, mais je n'arrive pas à faire bouger mes mains comme il faut. » La musique en lui, c'était le DÉSIR ARDENT de la Substance Originelle qui contient toutes les possibilités de la vie entière. Tout ce qui existe en musique cherchait à s'exprimer à travers l'enfant.

Dieu, la Substance Unique, cherche à vivre, à agir et à apprécier, à travers l'humanité. Il dit : « Je veux des mains pour construire de magnifiques structures, pour jouer de divines harmonies, pour peindre de splendides peintures. Je veux des pieds pour faire mes courses, des yeux pour voir mes beautés, des langues pour exprimer des vérités puissantes et pour chanter de merveilleuses chansons », et ainsi de suite.

Tout ce qui existe comme possibilité cherche à s'exprimer à travers les hommes. Dieu veut que ceux qui jouent de la musique aient des pianos ou d'autres instruments, et qu'ils aient les moyens de cultiver leur talent au maximum. Il veut que ceux qui peuvent apprécier la beauté puissent s'entourer de belles choses. Il veut que ceux qui peuvent discerner la vérité aient toutes les occasions de voyager et d'observer. Il veut que ceux qui peuvent apprécier les vêtements puissent être magnifiquement vêtus, et que ceux qui sont capables d'apprécier la bonne chère puissent être nourris avec volupté.

Il veut tout cela, car c'est Lui-même qui y prend plaisir et l'apprécie. C'est Dieu qui veut jouer et chanter et apprécier la beauté et proclamer la vérité et porter des vêtements raffinés et manger de bons plats.

Le désir que vous ressentez pour les richesses, c'est l'Infini cherchant à S'exprimer en vous comme Il a cherché à s'exprimer par le biais du petit garçon au piano.

Donc, n'hésitez pas à demander largement.

Votre rôle consiste à focaliser et à exprimer le désir de Dieu.

C'est un sujet difficile pour la plupart des gens. Ils gardent l'ancienne idée selon laquelle la pauvreté et le sacrifice de soi plaisent à Dieu. Ils considèrent que la pauvreté fait partie du plan, qu'elle est une nécessité de la nature. Ils ont l'idée que Dieu a fini Son travail, qu'il a fait tout ce qu'Il pouvait faire et que la majorité des hommes doivent demeurer pauvres parce qu'il n'y a pas suffisamment pour tout le monde. Ils s'accrochent tellement à cette pensée erronée qu'ils ont honte de demander des richesses. Ils tentent de ne pas vouloir plus que des compétences très modestes, juste assez pour pouvoir vivre assez confortablement.

Je me rappelle le cas d'un étudiant à qui on avait dit qu'il devait obtenir à l'esprit une image claire des biens qu'il voulait de sorte que la pensée créatrice de ces biens puisse être imprimée sur la Substance Informe. C'était un homme très pauvre qui louait une maison et qui vivait au jour le jour. Il ne pouvait saisir le fait que toutes les richesses étaient siennes. Donc, après avoir réfléchi, il décida raisonnablement de demander un nouveau tapis pour le sol de sa plus belle pièce, ainsi qu'un poêle à charbon anthracite pour chauffer sa maison par temps froid. Suivant les instructions de ce livre, il obtint ces biens en quelques mois. Puis, il lui est apparu qu'il n'avait pas demandé assez. Il parcourut la maison dans laquelle il vivait et il planifia toutes les améliorations qu'il souhaitait y apporter. Il y ajouta mentalement une baie vitrée et une pièce jusqu'à ce que, dans son esprit, elle représente la maison totale idéale. Puis, il planifia l'ameublement.

Gardant à l'esprit l'image globale, il commença à vivre d'une Certaine Manière et à avancer vers ce qu'il désirait. Il possède maintenant la maison et il la reconstruit d'après la forme de son image mentale. Et, avec une foi encore plus grande, il va obtenir de plus grands biens. Ces biens lui ont été amenés conformément à sa foi, et il en va de même avec vous et avec nous tous.

# La gratitude 7

Les illustrations données dans le dernier chapitre vous auront fait comprendre que la première étape vers l'enrichissement consiste à transmettre l'idée de vos désirs à la Substance Informe.

C'est vrai. Et vous verrez que pour pouvoir le faire, vous devez vous relier à l'Intelligence Informe de manière harmonieuse.

Garantir cette relation harmonieuse est d'une importance tellement essentielle et vitale que je vais en discuter un peu ici et vous donner des instructions qui, si vous les suivez, vous amèneront certainement à une unité d'esprit parfaite avec Dieu.

L'ensemble du processus d'adaptation et d'harmonisation mentale peut se résumer en un mot : la gratitude.

Premièrement, vous croyez qu'il existe une Substance Intelligente de laquelle procède toute chose. Deuxièmement, vous croyez que cette Substance vous donne tout ce que vous désirez. Et troisièmement, vous vous reliez à elle par un sentiment de profonde gratitude.

Nombreux sont ceux qui ordonnent leur vie correctement dans tous les autres domaines, mais qui sont maintenus dans la pauvreté par manque de gratitude. Ayant reçu un don de Dieu, ils coupent les fils qui les relient à Lui en omettant de lui en être reconnaissants.

# La gratitude

Il est aisé de comprendre que plus nous vivons proches de la source des richesses, plus nous recevrons de richesses. Et il est aisé de comprendre que l'âme toujours reconnaissante vit plus près de Dieu que celle qui ne Le regarde jamais avec reconnaissance.

Plus nous fixons notre esprit avec reconnaissance sur le Suprême lorsque de bonnes choses nous arrivent, plus nous recevrons de bonnes choses et plus vite elles se produiront. En effet, l'attitude mentale de la gratitude attire l'esprit plus près de la source d'où proviennent les bénédictions.

Si la pensée que la gratitude amène votre esprit tout entier en harmonie intime avec les énergies créatrices de l'Univers est nouvelle pour vous, considérez bien cette pensée et vous verrez qu'elle est vraie. Les bonnes choses que vous possédez déjà sont venues vers vous en suivant la voie du respect de certaines lois. La gratitude amènera votre esprit le long des voies par lesquelles les choses arrivent. Elle vous gardera en harmonie intime avec la pensée créatrice et vous empêchera de tomber dans la pensée compétitive.

Seule la gratitude peut vous permettre de continuer à regarder le Tout sans tomber dans l'erreur de penser que ses réserves sont limitées. Ce serait fatal pour vos espérances.

La Loi de la Gratitude existe et il est absolument nécessaire que vous observiez cette loi si vous voulez obtenir les résultats recherchés.

La loi de la Gratitude est le principe naturel selon lequel action et réaction sont toujours égales et vont dans des directions opposées.

L'élargissement de votre esprit en louange reconnaissante au Suprême est une libération ou une dépense de force. Elle ne peut pas ne pas atteindre ce à quoi elle s'adresse et il en résulte un mouvement instantané vers vous.

Si votre gratitude est solide et constante, la réaction imprimée dans la Substance Informe sera solide et continue. Le mouvement des choses que vous désirez se fera toujours vers vous.

Vous ne pouvez pas exercer de grand pouvoir sans gratitude. Parce que c'est la gratitude qui vous maintient relié au Pouvoir.

Cependant, la valeur de la gratitude ne consiste pas uniquement à vous faire obtenir plus de bénédictions futures. Sans gratitude, vous ne pouvez éviter longtemps les pensées d'insatisfaction face à la réalité.

Dès le moment où vous permettez à votre esprit de demeurer dans l'insatisfaction face à la réalité, vous commencez à perdre du terrain. Vous fixez votre attention sur le commun, l'ordinaire, le pauvre, le sordide et le mesquin, et votre esprit en prend la forme. Ensuite, vous transmettrez ces formes ou ces images mentales à l'Informe et le commun, le pauvre, le sordide et le mesquin viendront vers vous.

Permettre à votre esprit de s'appesantir sur l'inférieur revient à devenir inférieur et à vous entourer de l'inférieur. D'autre part, fixer votre attention sur le meilleur revient à vous entourer du meilleur et à devenir le meilleur. Le Pouvoir Créateur en nous nous façonne à l'image de ce à quoi nous sommes attentifs. Nous sommes la Substance Pensante, et la Substance Pensante prend toujours la forme de ce à quoi elle pense.

L'esprit reconnaissant est constamment fixé sur le meilleur. Par conséquent, il tend à devenir le meilleur. Il prend la forme ou le caractère du meilleur et il recevra le meilleur.

Par ailleurs, la foi naît de la gratitude. L'esprit reconnaissant attend continuellement de bonnes choses et ses attentes se transforment en foi. La réaction de la gratitude sur l'esprit de quelqu'un produit la foi et chaque vague de remerciement reconnaissant accroît la foi. Qui ne ressent pas de sentiment de gratitude ne peut pas conserver longtemps une foi vivante, et sans foi vivante, vous ne pouvez pas devenir riche par la méthode créatrice, comme nous allons le voir dans les chapitres qui suivent.

Il est nécessaire, dès lors, de cultiver l'habitude d'être reconnaissant pour chaque bonne chose qui vient à vous et de dire merci continuellement. Et parce que tout a contribué à votre accroissement, vous devez tout inclure dans votre gratitude.

Ne perdez pas votre temps à penser ou à parler des défauts ou des actions erronées des ploutocrates ou des magnats des trusts. Leur organisation du monde a créé votre opportunité. Tout ce que vous obtenez vient réellement vers vous grâce à eux.

Ne vous mettez pas en colère contre les politiciens corrompus. S'il n'y avait pas de politiciens, nous tomberions dans l'anarchie et votre opportunité s'en verrait grandement amoindrie.

Dieu a travaillé longtemps et avec beaucoup de patience pour nous amener là où nous sommes au niveau industriel et gouvernemental et Il poursuit Son travail. Il n'y a pas le moindre doute qu'Il mettra un terme à la présence des ploutocrates, des magnats des trusts, des capitaines d'industrie et des politiciens dès que le monde pourra s'en passer, mais en attendant, ils sont tous nécessaires. Rappelez-vous qu'ils contribuent tous à aménager les lignes de transmission par lesquelles vos richesses viendront à vous; soyez-leur reconnaissants. Vous entretiendrez ainsi des relations harmonieuses avec le bien en tout, et le bien en tout viendra à vous.

# 8

# Penser
# d'une Certaine
# Manière

*P. 61~68*

Revenez au chapitre 6 ; lisez à nouveau l'histoire de l'homme qui forma une image mentale de sa maison et vous aurez une idée appropriée de l'étape initiale qui mène à l'enrichissement. Vous devez former une image mentale claire et précise de ce que vous voulez. Vous ne pouvez pas transmettre une idée à moins de l'avoir vous-même pensée.

Vous devez l'avoir en pensée avant de pouvoir l'émettre. Nombreux sont ceux qui n'arrivent pas à imprégner la Substance Pensante parce qu'ils n'ont qu'un concept vague et nébuleux de ce qu'ils veulent réaliser, avoir ou devenir.

Il ne suffit pas d'éprouver un désir général de richesses « pour pouvoir faire le bien ». *Tout le monde* a ce désir.

Il ne suffit pas d'éprouver le désir de voyager, de voir le monde, de vivre mieux, etc. Tout le monde éprouve ces désirs. Si vous devez envoyer un télégramme à un ami, vous ne lui envoyez pas les lettres de l'alphabet l'une après l'autre en lui laissant le soin de construire le message lui-même, et vous ne choisissez pas les mots au hasard dans le dictionnaire. Vous envoyez une phrase cohérente, une phrase qui a du sens. Lorsque vous tentez d'imprimer vos besoins sur la Substance, souvenez-vous d'utiliser un énoncé cohérent. Vous devez savoir ce que vous voulez et être *spécifique* et *précis*. Vous ne pourrez jamais devenir riche ni mettre en action le pouvoir créateur en envoyant des envies informes et de vagues désirs.

Passez en revue vos désirs, tout comme l'homme que j'ai décrit a examiné sa maison. Spécifiez exactement ce que vous voulez et obtenez une image mentale claire de ce à quoi cela va ressembler lorsque vous l'obtiendrez.

Cette image mentale claire, vous devez l'avoir continuellement à l'esprit. Comme le marin a à l'esprit le port vers lequel il dirige son bateau, vous devez à tout moment regarder dans la direction de cette image. Vous ne devez pas plus perdre de vue votre image que l'homme de barre ne perd de vue sa boussole.

Il n'est pas nécessaire de s'exercer à la concentration, ni d'établir des moments particuliers de prière et d'affirmation, ni « d'entrer dans le silence », ni d'effectuer quelconques passes occultes. Certaines de ces actions sont positives en soi, mais tout ce dont vous avez besoin, c'est de savoir ce que vous voulez et de le vouloir suffisamment pour le garder dans vos pensées.

Passez autant de temps libre que possible à contempler votre image. Mais personne n'a besoin de s'exercer à concentrer son esprit sur ce qu'il veut réellement, direz-vous. C'est ce qui *ne vous intéresse pas* vraiment qui nécessite des efforts d'attention.

Et, à moins de vouloir *réellement* devenir riche, de sorte que votre désir soit suffisamment fort pour maintenir vos pensées dirigées sur votre objectif comme le pôle magnétique retient l'aiguille de la boussole, il serait à peine intéressant pour vous de tenter d'exécuter les instructions de ce livre.

Les méthodes énoncées ici sont destinées aux personnes dont le désir de richesses est suffisamment fort pour avoir raison de leur paresse mentale et de leur amour de la facilité, et pour les faire travailler.

Plus vous clarifiez et précisez votre image mentale, plus vous vous étendez dessus en faisant ressortir ses délicieux détails, plus fort sera votre désir. Et plus votre désir sera fort, plus vous aurez de facilité à maintenir votre esprit fixé sur l'image de ce que vous voulez.

Toutefois, simplement visualiser votre image avec clarté ne suffit pas. Si vous ne faites que cela, vous n'êtes qu'un rêveur et vous aurez peu ou pas de pouvoir de réalisation.

Votre vision claire doit être soutenue par la détermination de la réaliser, de lui donner une expression tangible.

Et ce but doit être supporté par une FOI invincible et inébranlable que la concrétisation de la vision est déjà vôtre, qu'elle est « imminente » et que vous devez uniquement en prendre possession.

*Même chose pour la santé*

Vivez mentalement dans la nouvelle maison jusqu'à ce qu'elle prenne physiquement forme autour de vous. Au niveau mental, entrez immédiatement dans le plaisir total de ce que vous voulez.

Voyez les choses que vous voulez comme si elles vous entouraient réellement tout le temps. Voyez-vous les posséder et les utiliser. Utilisez-les en imagination comme vous le ferez lorsqu'elles vous appartiendront de façon tangible. Attardez-vous sur votre image mentale jusqu'à ce qu'elle soit claire et nette, puis adoptez l'Attitude Mentale de la Possession sur tout ce qui constitue cette image. Prenez-en possession, en esprit, dans la foi totale qu'elle est réellement vôtre. Accrochez-vous à cette possession mentale. Ne doutez pas un instant qu'elle est réelle.

Et souvenez-vous de ce qui a été dit dans un chapitre précédent sur la gratitude. Soyez-en reconnaissant tout le temps, autant que vous le serez lorsqu'elle aura pris forme. L'homme qui peut remercier sincèrement Dieu pour ce qu'il ne possède qu'en imagination, a une foi réelle. Il deviendra riche. Il provoquera la création de tout ce qu'il veut.

Vous ne devez pas prier de manière répétée pour ce que vous désirez. Il n'est pas nécessaire d'en parler à Dieu chaque jour.

Votre rôle consiste à formuler intelligemment votre désir pour ce qui accroît la vie, d'arranger ces désirs en un tout cohérent, puis d'imprimer ce Désir Total sur la Substance Informe qui a le pouvoir et la volonté de vous apporter ce que vous voulez.

Vous n'imprimez pas ces désirs en répétant des chaînes de mots. Vous le faites en conservant votre vision avec la DÉTERMINATION inébranlable de l'atteindre et la FOI constante que vous l'atteignez réellement.

La réponse à votre prière ne se produit pas d'après la foi que vous montrez en en *parlant*, mais d'après la foi dont vous faites preuve en *travaillant*.

Vous ne pouvez pas imprégner l'esprit de Dieu en établissant un jour de Sabbat spécial pour Lui faire part de ce que vous voulez tout en L'oubliant le reste de la semaine. Vous ne pouvez pas L'imprégner en définissant des heures particulières de retraite pour prier si vous écartez ensuite le sujet de votre esprit jusqu'à la prochaine heure de prière.

La prière orale s'applique et elle est efficace surtout pour vous-même, pour clarifier votre vision et renforcer votre foi. Ce ne sont pas vos demandes orales qui vous apportent ce que vous voulez. Pour devenir riche, pas besoin d'une « douce heure de prière ». Vous devez « prier sans cesse ». Pour moi, le mot « Prière » veut dire : vous accrocher fermement à votre vision, avec la détermination de provoquer sa création sous une forme solide et avec la foi que vous y arrivez.

Une fois que vous avez clairement formé votre vision, il s'agit de la *recevoir*. Lorsque vous l'avez formée, je vous conseille d'exprimer une affirmation orale en vous adressant au Suprême par une prière respectueuse. À partir de ce moment, vous devez recevoir en esprit ce que vous demandez. Vivez dans la nouvelle maison, portez les beaux vêtements, roulez dans la voiture, partez en voyage et planifiez-en de plus grands avec confiance. Pensez et parlez de ce que vous avez demandé en termes de possession présente réelle. Imaginez l'environnement et les conditions financières exactes que vous voulez et vivez tout le temps dans cet environnement et ces conditions financières imaginaires. Faites attention cependant à ne pas faire cela en simple rêveur et bâtisseur de château en Espagne. Accrochez-vous à la FOI que l'imaginaire est en cours de réalisation et à la DÉTERMINATION de le réaliser. Rappelez-vous que foi et détermination constituent dans l'utilisation de l'imagination ce qui différencie le scientifique du rêveur.

Maintenant que vous avez pris connaissance de ce fait, vous devez apprendre à utiliser correctement la Volonté.

# 9

# Comment utiliser la volonté

Pour entreprendre de devenir riche de manière scientifique, ne tentez pas d'appliquer votre volonté à quoi que ce soit en dehors de vous-même. Vous n'avez pas le droit de le faire de toute manière. C'est mal d'appliquer votre volonté sur autrui afin de lui faire faire ce que vous voulez.

Il est tout aussi mal de forcer autrui par le pouvoir mental que de le forcer par le pouvoir physique. Si le fait d'obliger autrui à agir pour vous par la force physique le réduit en esclavage, l'obliger par des moyens mentaux donne exactement le même résultat. La seule différence se situe dans les méthodes utilisées. Si prendre un bien à autrui par la force physique est un vol, le lui prendre par la force mentale l'est également. Il n'y a aucune différence de principe.

Vous n'avez pas le droit d'utiliser votre volonté sur autrui même « pour son bien », car vous ne savez pas ce qui est pour son bien. La science de l'enrichissement ne nécessite pas l'application d'un pouvoir ou d'une force sur autrui de quelque manière que ce soit. Il n'y a pas la moindre nécessité de le faire. En effet, toute tentative d'utiliser votre volonté sur autrui ne tendra qu'à aller à l'encontre de votre but.

Vous n'avez pas besoin d'appliquer votre volonté sur les choses pour les forcer à venir vers vous. Cela reviendrait tout simplement à tenter de forcer Dieu et serait insensé, inutile et irrévérencieux.

Vous ne devez pas plus obliger Dieu à vous donner de bonnes choses que vous ne devez utiliser votre volonté pour faire se lever le soleil.

Vous ne devez pas utiliser votre volonté pour conquérir une déité hostile ni pour faire en sorte que des forces obstinées et rebelles exécutent votre ordre. La Substance est amicale avec vous et elle est plus désireuse de vous donner ce que vous voulez que vous ne l'êtes de l'obtenir.

Pour devenir riche, vous devez uniquement utiliser votre volonté sur *vous-même*.

Lorsque vous savez quoi penser et quoi faire, vous devez utiliser votre volonté pour vous obliger à penser et à agir correctement. Il est légitime d'utiliser la volonté pour obtenir ce que vous voulez, de l'utiliser pour vous maintenir sur la bonne voie.

Utilisez votre volonté pour continuer à penser et à agir d'une Certaine Manière.

Ne tentez pas de projeter votre volonté, vos pensées ou votre esprit dans l'espace pour « agir » sur les biens ou sur les gens.

Gardez votre esprit en vous. Il peut y accomplir davantage que partout ailleurs.

Utilisez votre esprit pour former une image mentale de ce que vous voulez et maintenir cette vision avec foi et détermination. Utilisez votre volonté pour aider votre esprit à travailler de la Manière *correcte*.

Plus votre foi et votre détermination seront fermes et continues, plus vite vous deviendrez riche parce que vous ne formerez que des impressions POSITIVES sur la Substance et que vous ne les neutraliserez pas ni ne les annulerez par des impressions négatives.

L'image de vos désirs, maintenue avec foi et détermination, est absorbée par l'Informe et l'imprègne sur de longues distances – à travers l'Univers tout entier, d'après ce que nous savons.

Tandis que cette impression se répand, tout est mis en mouvement vers sa réalisation. Chaque entité vivante, chaque entité inanimée et les entités encore non créées, sont stimulées pour concrétiser ce que vous voulez. Une force globale est exercée dans cette direction. Tout commence à se déplacer vers vous. Partout, l'esprit d'autrui est encouragé à agir pour l'accomplissement de vos désirs et travaille pour vous, inconsciemment.

Vous pouvez vérifier tout cela en lançant une impression négative sur la Substance Informe. Il est aussi certain que le doute ou l'incertitude génère un mouvement de *retrait* de vous, que la foi et la détermination lancent un mouvement *d'attraction* vers vous. **C'est parce qu'ils ne comprennent pas cela que**

**la plupart des gens qui tentent d'utiliser la « science mentale » pour devenir riche créent leur échec.** Chaque heure et chaque moment de doute et de peur, chaque heure d'inquiétude, chaque heure d'incrédulité de votre âme, lancent un courant de retrait dans l'ensemble de la Substance Intelligente. Les promesses vont uniquement à ceux qui croient, et uniquement à eux.

Étant donné que la croyance est tout ce qui importe, il est dans votre intérêt de surveiller vos pensées. Et, comme vos croyances sont modelées dans une très grande mesure par ce que vous observez et par ce à quoi vous pensez, il est important que vous contrôliez votre attention. C'est ici que l'utilisation de la volonté entre en jeu, car c'est par votre volonté que vous déterminez ce sur quoi vous allez fixer votre attention.

Si vous voulez devenir riche, vous ne devez pas réaliser d'étude sur la pauvreté.

Rien n'est créé en pensant à son opposé. On n'obtient jamais la santé en étudiant et en pensant à la maladie. La vertu ne doit pas être encouragée par l'étude et la pensée du péché. Et personne n'est jamais devenu riche en étudiant et en pensant à la pauvreté.

La médecine comme science de la maladie a accru la maladie. La religion comme science du péché a promu le péché. Et l'économie comme étude de la pauvreté remplira le monde de misère et de besoin.

Ne parlez pas de la pauvreté, ne faites pas de recherche sur ce sujet et ne vous en souciez pas. Ne faites jamais attention à ses causes. Elles ne vous concernent pas.

Ce qui vous concerne, c'est comment en *guérir*.

Ne passez pas votre temps dans des oeuvres de charité ou des mouvements de charité. La charité ne tend qu'à perpétuer la misère qu'elle a pour but d'éradiquer. Je ne dis pas que vous devez être insensible ou rude et refuser d'entendre le cri du besoin, mais vous ne devez pas tenter d'éradiquer la pauvreté par un moyen *conventionnel*. Tournez le dos à la pauvreté et à tout ce qui lui appartient et « réussissez ».

Devenez riche. C'est la meilleure manière pour vous d'aider les pauvres.

Et vous ne pouvez pas maintenir l'image mentale de l'enrichissement si vous remplissez votre esprit d'images de pauvreté. Ne lisez pas de livres ou de journaux qui livrent des rapports détaillés sur la misère des habitants des logements sociaux, sur l'horreur du travail des enfants, etc. Ne lisez rien qui emplisse votre esprit d'images sombres de besoin et de souffrance.

Vous ne pouvez pas le moins du monde aider les pauvres en connaissant ces choses, et leur connaissance ne tend pas du tout à mettre fin à la pauvreté.

Ce qui a tendance à mettre un terme à la pauvreté, ce n'est pas que vous ayez des images de pauvreté à l'esprit, mais bien d'introduire des images de richesse dans l'esprit des pauvres.

Vous n'abandonnez pas les pauvres à leur misère en refusant de laisser votre esprit s'emplir d'images de cette misère.

Il est possible de mettre fin à la pauvreté, non pas en augmentant le nombre de personnes prospères qui pensent à la pauvreté, mais en augmentant le nombre de pauvres qui ont la détermination et la foi de devenir riches.

Les pauvres n'ont pas besoin de charité, ils ont besoin d'inspiration. La charité ne leur envoie qu'une miche de pain pour les maintenir en vie dans leur misère ou elle leur accorde une distraction pour la leur faire oublier pendant une heure ou deux. Mais l'inspiration, elle, les fera s'élever au-dessus de leur misère. Si vous voulez aider les pauvres, montrez-leur qu'ils peuvent devenir riches. Prouvez-le en devenant riche vous-même.

Le seul moyen de bannir à jamais la pauvreté de ce monde, c'est d'arriver à ce qu'un nombre toujours croissant de personnes pratiquent les enseignements de ce livre.

Il faut apprendre aux gens à devenir riches par le biais de la création et non par celui de la compétition.

Quiconque devient riche par le biais de la compétition fait tomber derrière lui l'échelle sur laquelle il monte et maintient les autres en bas alors que quiconque devient riche par sa création ouvre la voie à des milliers d'autres – et les inspire à faire de même.

Vous ne faites pas preuve d'insensibilité ou de dureté lorsque vous refusez de plaindre la pauvreté, de voir la pauvreté, de lire des écrits parlant de la pauvreté, de penser ou de parler de ce sujet ou d'écouter ceux qui en parlent. Utilisez votre volonté pour maintenir votre esprit HORS du sujet de la pauvreté et pour le garder fixé avec foi et détermination SUR la vision de ce que vous voulez obtenir.

# 10

# Autres usages de la volonté

Vous ne pouvez pas maintenir une vision claire et avérée de la richesse si vous accordez constamment votre attention à des images opposées, qu'elles soient externes ou imaginaires.

Ne parlez pas de vos problèmes financiers passés, si vous en avez eu. N'y pensez pas du tout. Ne parlez pas de la pauvreté de vos parents ou des difficultés de votre enfance. Si vous le faites, vous vous classez mentalement parmi les pauvres et cela arrêtera certainement le mouvement d'attraction qui se dirige vers vous. Tournez le dos à la pauvreté et à tout ce qui a trait à la pauvreté.

Vous avez accepté une certaine théorie de l'Univers que vous considérez correcte et vous reposez tous vos espoirs de bonheur sur le fait qu'elle est correcte. Que pouvez-vous gagner à prendre en compte des théories opposées ?

Ne lisez pas de livres qui vous parlent de la fin du monde et ne lisez pas les écrits des déterreurs de scandales et des philosophes pessimistes qui vous disent que ce même monde pactise avec le diable. Le monde ne pactise pas avec le diable. Il va à Dieu. Il est en merveilleux devenir.

Certes, les conditions actuelles peuvent présenter bon nombre d'éléments désagréables, mais à quoi cela sert-il de les étudier alors que leur disparition est certaine et que leur étude ne tend qu'à empêcher celle-ci et à les conserver? Pourquoi accorder du temps et de l'attention à ce que l'évolution croissante supprime, alors que vous ne pouvez accélérer sa suppression qu'en encourageant l'évolution dans votre domaine?

Peu importe l'horreur apparente des conditions existantes dans certains pays, parties ou endroits, vous perdez votre temps et détruisez vos propres chances de réussite en les considérant.

Vous devriez vous intéresser à l'enrichissement du monde.

Pensez aux richesses auxquelles accède le monde plutôt qu'à la pauvreté à partir de laquelle il grandit. Et gardez à l'esprit que le seul moyen dont vous disposez pour aider le monde à devenir riche, c'est de vous enrichir par la méthode créatrice, et non par la compétition.

Accordez votre attention totale aux richesses. Ignorez la pauvreté. Chaque fois que vous pensez ou parlez des pauvres, pensez à eux ou parlez d'eux comme de personnes qui s'enrichissent, de personnes qu'il faut féliciter plutôt que plaindre. Ainsi, ils seront inspirés et chercheront à s'en sortir.

Si je vous dis que vous devez accorder tout votre temps, votre esprit et vos pensées aux richesses, cela ne veut pas dire que vous devez être infâme ou méchant.

Devenir réellement riche est le but le plus noble que vous puissiez avoir dans la vie, car il inclut tout le reste.

Sur le plan concurrentiel, la bataille pour l'enrichissement est une ruée impie pour l'obtention du pouvoir sur les autres. Toutefois, **lorsque nous accédons à l'esprit créateur, tout se transforme.** Tout ce qui est possible sur la voie de la grandeur et de l'épanouissement de l'âme, du service et de l'entreprise noble, se produit grâce à l'enrichissement. Tout devient possible par l'utilisation des biens.

Si vous n'avez pas la santé physique, vous verrez que pour l'obtenir vous devez devenir riche. Seules les personnes libérées des soucis financiers, qui ont les moyens de vivre une existence insouciante et qui vivent dans l'hygiène, peuvent avoir et conserver la santé.

La grandeur morale et spirituelle n'est possible que pour qui s'élève au-dessus de la bataille concurrentielle pour l'existence. Et seul celui qui devient riche sur le plan de la pensée créatrice est libre des influences dégradantes de la compétition. Si votre cœur se définit d'après votre bonheur familial, souvenez-vous que l'amour fleurit mieux là où règne le raffinement et un niveau élevé de pensée libérée des influences corruptrices. Vous ne trouverez ces traits que là où la richesse est obtenue par l'exercice de la pensée créatrice, sans querelle ni rivalité.

Je le répète, vous ne pouvez viser rien de plus grand ni de plus noble que l'enrichissement. Vous devez fixer votre attention sur votre image mentale de la richesse, à l'exclusion de tout ce qui peut tendre à voiler ou à obscurcir votre vision.

Vous devez apprendre à voir la VÉRITÉ sous-jacente en tout. Vous devez voir ce qui sous-tend toutes les conditions apparemment incorrectes de la Grande Vie Unique qui avance toujours vers une plus grande expression et un bonheur plus complet.

Il est vrai que la pauvreté n'existe pas. Seule existe la richesse.

Certaines personnes demeurent pauvres parce qu'elles ignorent que la richesse existe pour elles. Vous ne pouvez pas mieux leur enseigner cela qu'en leur montrant le chemin de l'abondance en vous et dans votre propre pratique. D'autres sont pauvres parce que si elles sentent qu'il existe un moyen de s'en sortir, elles sont trop indolentes intellectuellement pour réaliser l'effort mental nécessaire pour découvrir ce moyen et l'entreprendre. La meilleure chose que vous puissiez faire pour ces personnes, c'est éveiller leur désir en leur montrant le bonheur qui découle d'un enrichissement correct.

D'autres encore sont pauvres parce que, même si elles ont une certaine notion de cette science, elles se sont tellement embourbées et perdues dans le labyrinthe des théories métaphysiques et occultes qu'elles ne savent pas quelle voie suivre. Elles essaient un assortiment de systèmes et elles échouent dans tous. Pour celles-ci, à nouveau, la meilleure chose à faire c'est de leur montrer la bonne voie, par vous-même et par votre pratique. Un gramme d'action vaut cinq cents grammes de théorie.

La meilleure chose que vous puissiez faire pour le monde entier, c'est donner le meilleur de vous-même.

Vous ne pouvez servir Dieu et l'homme de manière plus efficace qu'en devenant riche, par la méthode créatrice et non par la voie de la compétition.

Autre chose. Nous affirmons que ce livre détaille les principes de la science de l'enrichissement. Cela peut vous paraître limité et égotiste, mais sachez ceci : il n'existe pas de méthode de calcul mathématique plus scientifique que l'addition, la soustraction, la multiplication et la division. Aucune autre méthode n'est possible. Il ne peut exister qu'une seule plus courte distance entre deux points. Il n'y a qu'une seule manière de penser scientifiquement, c'est de penser de la manière qui mène au but par la voie la plus directe et la plus simple. Personne n'a encore formulé de « système » plus bref ou moins complexe que celui énoncé ici. Il a été dépouillé de tout ce qui n'était pas essentiel.

# Autres usages de la volonté

Par ailleurs, postposez vos recherches sur l'occulte. Ne vous mêlez pas d'études théosophiques, spiritualistes ou apparentées. Il est très probable que les morts vivent encore et qu'ils demeurent proches de nous. Mais, si c'est le cas, laissez-les tranquilles. Occupez-vous de vos propres affaires.

Où que soit leur esprit, les morts ont leur propre travail à réaliser et leurs propres problèmes à résoudre et nous n'avons pas le droit d'interférer. Nous ne pouvons pas les aider et il est très improbable qu'ils puissent nous aider ou que nous ayons un droit quelconque de nous introduire dans leur temps. Ne vous préoccupez pas des morts et des êtres de l'autre vie et résolvez votre propre problème. Devenez riche. En frayant avec l'occulte, vous lancez des contre-courants mentaux qui anéantiront certainement vos espoirs.

Ce chapitre et le chapitre précédent nous ont amené à l'énoncé des faits suivants :

*Il existe une Matière Pensante de laquelle provient toute chose et qui, dans son état originel, imprègne, pénètre et emplit les interstices de l'univers.*

*Dans cette Substance, une pensée produit ce qu'elle imagine.*

*L'homme peut former des choses dans sa pensée et, en imprimant sa pensée sur la Substance Informe, provoquer la création de la chose à laquelle il pense.*

Pour ce faire, l'homme doit passer d'un esprit compétitif à un esprit créateur. Il doit former une image mentale claire de ce qu'il souhaite et conserver cette image dans ses pensées dans le BUT déterminé et avec la FOI inébranlable d'obtenir ce qu'il veut, en fermant son esprit à tout ce qui peut avoir tendance à ébranler sa détermination, à brouiller sa vision ou à étouffer sa foi.

Outre tout cela, nous allons maintenant voir qu'il doit vivre et agir d'une Certaine Manière.

# 11

Agir
d'une Certaine
Manière

La pensée est le pouvoir créateur ou la force pressante qui pousse le pouvoir créateur à agir. Penser d'une Certaine Manière vous apportera la richesse, mais vous ne devez pas vous reposer uniquement sur la pensée et n'accorder aucune attention à l'action personnelle. Voilà l'écueil sur lequel de nombreux penseurs métaphysiques scientifiques font naufrage : omettre de lier la pensée à l'action personnelle.

Nous n'avons pas encore atteint le stade de développement – en supposant même qu'un tel stade soit possible – où l'homme est à même de créer directement à partir de la Substance Informe sans l'intervention des processus de la nature ou du travail humain. L'homme ne doit pas seulement penser. Son action personnelle doit compléter sa pensée.

Par la pensée, vous pouvez faire en sorte que l'or du coeur des montagnes soit poussé vers vous. Mais il ne s'extraira pas tout seul de la mine, ni ne se raffinera tout seul, ni ne se frappera tout seul en pièces de monnaie pour rouler de par les routes jusque dans votre poche.

Sous le pouvoir pressant de l'Esprit Suprême, les affaires des hommes seront ordonnées de telle sorte que quelqu'un sera amené à extraire l'or de la mine pour vous. Les transactions commerciales d'autres personnes seront dirigées de manière à ce que l'or soit acheminé vers vous. Vous devez régler vos propres affaires pour être à même de le recevoir lorsqu'il viendra à vous. Vos pensées fabriquent toute chose animée et inanimée. Elles travaillent pour vous apporter ce que vous voulez. Mais votre activité personnelle doit vous permettre de recevoir correctement ce que vous voulez lorsqu'il vient à vous. Vous ne devez pas le recevoir par charité ni le voler. Vous devez donner plus à chaque homme en valeur d'usage qu'il ne vous a donné en valeur d'achat.

L'utilisation scientifique de la pensée consiste à former une image mentale claire et distincte de ce que vous désirez en maintenant votre détermination pour l'obtenir et en comprenant avec une foi reconnaissante que vous l'obtenez.

Ne tentez pas de « projeter » votre pensée de manière mystérieuse ou occulte, dans l'idée de la faire agir en votre faveur. Cet effort sera vain et affaiblira votre pouvoir de penser de manière saine.

L'action de la pensée dans le but de s'enrichir est entièrement expliquée dans les chapitres qui précèdent. Votre foi et votre détermination impriment positivement votre vision sur la Substance Informe qui a LE MÊME DÉSIR D'ACCROÎTRE LA VIE QUE VOUS. Cette vision, reçue de vous, met en action toutes les forces créatrices DANS ET À TRAVERS LEURS CANAUX D'ACTION HABITUELS, mais dans votre direction.

Ce n'est pas votre rôle de guider ou de superviser le processus créateur. Tout ce que vous devez faire, c'est maintenir votre vision, vous accrocher à votre but et cultiver foi et gratitude.

Mais vous devez agir d'une Certaine Manière afin de pouvoir vous approprier ce qui est vôtre lorsqu'il arrivera vers vous, de pouvoir rencontrer les composants de votre image et de les mettre en place correctement lorsqu'ils arrivent.

Vous pouvez réellement percevoir la vérité de ceci. Lorsque les choses vous arriveront, elles seront entre les mains d'autres personnes qui demanderont à recevoir un équivalent en échange.

Et vous ne pouvez obtenir ce qui est vôtre qu'en donnant à l'autre ce qui est sien.

Votre portefeuille ne va pas se transformer en une bourse fortunée et toujours contenir de grandes sommes d'argent sans aucun effort de votre part.

C'est le point central de la science de l'enrichissement, l'endroit même où vous devez combiner pensée et action personnelle. Nombreux sont ceux qui, consciemment ou inconsciemment, mettent les forces créatrices en action par la force et la persistance de leurs désirs, mais demeurent pauvres parce qu'ils ne reçoivent pas ce qu'ils veulent lorsque cela se présente.

Par la pensée, ce que vous voulez vous est amené. Par l'action, vous le recevez.

Peu importe l'action que vous devez entreprendre; il est évident que vous devez agir MAINTENANT. Vous ne pouvez pas agir dans le passé et il est essentiel pour la clarté de votre vision mentale que vous écartiez le passé de votre esprit. Vous ne pouvez pas agir dans le futur, puisque le futur n'est pas encore là et que vous ne pouvez pas dire comment vous souhaiterez agir dans une situation tant que cette situation n'est pas arrivée.

Si vous n'exercez pas l'activité correcte ou si vous ne vous trouvez pas actuellement dans l'environnement adéquat, ne croyez pas devoir postposer votre action jusqu'à ce que vous accédiez à l'activité ou à l'environnement corrects. Et ne perdez pas votre temps présent à penser à la meilleure voie à suivre dans d'éventuelles situations futures. Ayez foi en votre capacité à répondre à l'urgence lorsqu'elle se présentera.

Si vous agissez dans le présent en ayant l'esprit axé sur le futur, votre action présente sera exécutée avec un esprit divisé et ne sera pas efficace.

Engagez entièrement votre esprit dans l'action présente.

Ne lancez pas votre élan créateur sur la Substance Originelle pour vous asseoir ensuite en attendant les résultats. Si vous le faites, vous n'en obtiendrez jamais. Agissez maintenant. Il n'y a pas d'autre moment que maintenant et il n'y en aura jamais d'autre que maintenant. Si vous devez commencer à vous préparer à recevoir ce que vous voulez, c'est maintenant que vous devez le faire.

Et votre action, quelle qu'elle soit, doit très probablement se produire dans votre activité ou dans votre emploi actuel et elle doit concerner les personnes et les choses de votre environnement actuel.

Vous ne pouvez pas agir là où vous n'êtes pas, vous ne pouvez pas agir là où vous avez été, et vous ne pouvez pas agir là où vous allez. Vous ne pouvez agir que là où vous vous trouvez.

Ne vous préoccupez pas de savoir si le travail d'hier a été bien exécuté ou pas. Exécutez bien le travail d'aujourd'hui.

N'essayez pas de faire aujourd'hui le travail de demain. Vous aurez tout le temps de le faire lorsque vous y serez.

Ne tentez pas, par des moyens occultes ou mystiques, d'agir sur les gens ou sur les éléments hors de votre portée.

N'attendez pas un changement d'environnement pour agir. Obtenez un changement d'environnement par l'action.

Vous pouvez agir sur l'environnement dans lequel vous vous trouvez maintenant de manière à vous faire transférer vers un environnement qui vous convient mieux.

Maintenez avec foi et détermination la vision de vous-même dans un environnement plus adéquat, mais agissez sur votre environnement présent avec tout votre cœur, toute votre force et tout votre esprit.

Ne passez pas votre temps à rêvasser ou à construire des châteaux en Espagne. Maintenez la vision unique de ce que vous voulez et agissez MAINTE-NANT.

Ne cherchez pas à exécuter une nouvelle action ou une action étrange, inhabituelle ou remarquable comme premier pas vers l'enrichissement. Il est probable que vos actions seront, pendant quelque temps au moins, les mêmes que celles que vous avez exécutées pendant un certain temps dans le passé. Maintenant vous devez commencer à exécuter ces actions de la Manière Certaine, ce qui vous rendra certainement riche.

Si vous êtes engagé dans une activité et que vous sentez qu'elle ne vous convient pas, n'attendez pas d'accéder à l'activité qui vous convient pour commencer à agir.

Ne soyez pas découragé et ne vous lamentez pas parce que vous ne vous trouvez pas à l'endroit qui vous convient. Personne ne s'est jamais trouvé quelque part sans arriver à trouver l'endroit qui lui convenait, et personne n'a jamais été impliqué dans une activité qui ne lui convenait pas sans pouvoir accéder à l'activité correcte.

Maintenez la vision de vous-même dans l'activité qui vous convient, avec l'objectif d'y accéder et la foi que vous y accéderez et que vous y accédez. AGISSEZ dans votre activité actuelle. Utilisez votre activité présente comme moyen d'en obtenir une meilleure et utilisez votre environnement actuel comme moyen d'accéder à un meilleur environnement. Si elle est maintenue avec foi et détermination, votre vision de l'activité correcte fera en sorte que le Suprême vous amènera l'activité qui vous convient. Et votre action, exécutée de la Certaine Manière, vous déplacera vers l'activité en question.

Si vous êtes employé ou salarié et que vous sentez que vous devez changer d'emploi pour obtenir ce que vous voulez, ne « projetez » pas votre pensée dans l'espace en vous reposant dessus pour obtenir un autre travail. Elle échouera probablement.

Maintenez la vision de vous-même exerçant le travail que vous voulez tout en AGISSANT avec foi et détermination dans l'emploi que vous avez et vous obtiendrez certainement le travail désiré.

Votre vision et votre foi mettront la force créatrice en mouvement pour vous l'apporter et votre action fera en sorte que les forces de votre propre environnement vous déplacent vers la place souhaitée.

Pour conclure ce chapitre, nous ajouterons un autre énoncé à notre programme :

*Il existe une Matière Pensante de laquelle provient toute chose et qui, dans son état originel, imprègne, pénètre et emplit les interstices de l'Univers.*

*Dans cette Substance, une pensée produit ce qu'elle imagine.*

*L'homme peut former des choses dans sa pensée, et, en imprimant sa pensée sur la Substance Informe, provoquer la création de ce à quoi il pense.*

*Pour ce faire, l'homme doit passer d'un esprit compétitif à un esprit créateur. Il doit former une image mentale claire de ce qu'il souhaite et conserver cette image dans ses pensées dans le BUT déterminé d'obtenir ce qu'il veut et avec la FOI inébranlable qu'il obtient ce qu'il veut, en fermant son esprit à tout ce qui peut avoir tendance à ébranler sa détermination, à brouiller sa vision ou à étouffer sa foi.*

*Pour pouvoir recevoir ce qu'il veut lorsque cela arrive, l'homme doit agir MAINTENANT sur les personnes et les choses de son environnement actuel.*

# 12

L'action
efficace

Vous devez utiliser vos pensées de la manière indiquée dans les chapitres précédents et commencer à faire ce que vous pouvez faire là où vous vous trouvez. Et vous devez faire TOUT ce que vous pouvez faire là où vous vous trouvez.

Vous ne pouvez avancer qu'en remplissant amplement votre place actuelle, et personne ne remplit amplement sa place actuelle s'il y laisse du travail non terminé.

Le monde n'avance que grâce à ceux qui remplissent amplement leur place actuelle.

Si personne ne remplissait vraiment sa place, vous pourriez assister à un retour en arrière à tous les niveaux. Ceux qui ne comblent pas vraiment leur place actuelle sont un poids mort pour la société, le gouvernement, le commerce et l'industrie. Ils doivent être portés par d'autres à grands frais. Le progrès du monde est uniquement retardé par ceux qui ne remplissent pas la tâche qu'ils détiennent. Ils appartiennent à une ère antérieure et à une étape ou à un plan de vie inférieurs, et ils ont tendance à dégénérer. Aucune société ne pourrait avancer si chacun se montrait inférieur à la place qu'il occupe. L'évolution sociale est guidée par la loi de l'évolution physique et mentale. Dans le monde animal, l'excès de vie entraîne l'évolution.

Lorsqu'un organisme possède plus de vie que ce qui peut être exprimé dans les fonctions de son propre plan, il développe les organes d'un plan supérieur et une nouvelle espèce apparaît.

Il n'y aurait jamais eu de nouvelles espèces si des organismes n'avaient pas comblé leur place. La même loi s'applique à vous. Votre enrichissement dépend de l'application de ce principe à votre propre activité.

Chaque jour est un jour prospère ou un jour d'échec. Ce sont les jours prospères qui vous permettent d'obtenir ce que vous voulez. Si chaque jour est un échec, vous ne pourrez jamais devenir riche. Mais si chaque jour est un succès, vous ne pouvez que devenir riche.

Si vous pouvez faire quelque chose aujourd'hui et que vous ne le faites pas, vous avez échoué à ce propos, et les conséquences peuvent être plus désastreuses que vous ne l'imaginez.

Vous ne pouvez pas prévoir le résultat de l'acte le plus trivial. Vous ne savez pas comment fonctionnent toutes les forces qui ont été mises en mouvement pour votre compte. Beaucoup peut dépendre de la réalisation d'un acte simple. Cet acte peut ouvrir la porte à de très grandes possibilités. Vous ne pourrez jamais connaître toutes les combinaisons que l'Intelligence Suprême exécute pour vous dans le monde des biens et des affaires humaines. Votre négligence ou votre omission à accomplir une petite chose peut causer un grand retard dans l'obtention de ce que vous voulez.

Faites chaque jour TOUT ce que vous pouvez faire ce jour-là.

Il y a toutefois une restriction à ceci.

Vous ne devez pas travailler dans l'excès ni vous plonger aveuglément dans votre activité pour vous efforcer de faire le plus grand nombre de choses possibles en un minimum de temps.

Vous ne devez pas tenter de réaliser aujourd'hui le travail du lendemain ni d'effectuer en un jour le travail d'une semaine.

Ce n'est pas le nombre d'actions exécutées qui compte, mais l'EFFICACITÉ de chaque action séparée.

Chaque acte est en soi un succès ou un échec.

Chaque acte est en soi efficace ou inefficace.

Chaque acte inefficace est un échec et si vous passez votre vie à poser des actes inefficaces, votre vie entière sera un échec.

Plus vous posez d'actes, pire en sera le résultat pour vous s'ils sont tous inefficaces.

# L'action efficace

D'un autre côté, chaque acte efficace est un succès en soi, et si chaque acte de votre vie est efficace, votre vie tout entière DOIT être un succès.

La cause de l'échec consiste à poser trop d'actes de manière inefficace et à ne pas en poser suffisamment de manière efficace.

Vous constaterez que la proposition suivante est évidente. Si vous ne posez aucun acte inefficace et que vous effectuez un nombre suffisant d'actes efficaces, vous deviendrez riche. Si maintenant il vous est possible de rendre efficace chacun de vos actes, à nouveau vous verrez que l'obtention de la richesse se réduit à une science exacte comme les mathématiques.

Il s'agit dès lors de savoir si vous pouvez faire de chaque acte séparé un succès en soi. Et vous pouvez certainement le faire.

Vous pouvez faire de chaque acte un succès parce que le Pouvoir TOUT ENTIER travaille pour vous et le Pouvoir TOUT ENTIER ne peut pas échouer.

Le Pouvoir est à votre service, et pour faire en sorte que chacun de vos actes soit efficace, vous devez uniquement y mettre du pouvoir.

Chaque action est soit forte soit faible. Lorsque chacune d'elles est forte, vous agissez de la Certaine Manière qui vous rendra riche.

Chaque acte peut devenir fort et efficace si vous gardez à l'esprit votre vision tout en l'effectuant et si vous y mettez le pouvoir tout entier de votre FOI et de votre DÉTERMINATION.

C'est à ce stade que les gens échouent, lorsqu'ils séparent le pouvoir mental de l'action personnelle. Ils utilisent le pouvoir de l'esprit à un endroit et à un moment donnés, et ils agissent à un autre endroit et à un autre moment. De sorte que leurs actes ne sont pas fructueux en tant que tels. Trop d'entre eux sont inefficaces. Mais si un Pouvoir TOTAL est placé dans chaque acte, peu importe sa banalité, chaque acte sera un succès en soi. Et comme dans la nature des choses, chaque succès ouvre la voie à d'autres succès, votre progression vers ce que vous voulez et la progression de ce que vous voulez vers vous s'accéléreront.

Rappelez-vous que l'action prospère engendre des résultats cumulés. Comme le désir d'accroître la vie est inhérent à toutes choses, lorsqu'une personne se dirige vers un accroissement de vie, plus de biens s'attachent à elle et l'influence de ses désirs s'en trouve multipliée.

Faites chaque jour tout ce que vous pouvez faire ce jour-là et posez chaque acte de manière efficace.

Lorsque je dis que vous devez conserver votre vision en effectuant chaque acte, banal ou ordinaire, je ne veux pas dire qu'il est nécessaire à tout moment de visualiser votre vision distinctement, jusque dans ses moindres détails. Vos heures de loisirs devraient servir à cela, à imaginer les détails de votre vision et à les contempler jusqu'à ce qu'ils soient fermement fixés dans votre mémoire. Si vous désirez des résultats rapides, passez pratiquement tout votre temps libre à la réalisation de cette pratique.

Par la contemplation continue, vous obtiendrez dans ses moindres détails une image de ce que vous voulez qui sera si solidement fixée dans votre esprit et si totalement transmise à l'esprit de la Substance Informe qu'au travail il vous suffira simplement de vous référer mentalement à l'image pour stimuler votre foi et votre détermination et provoquer la mise en œuvre de votre effort le meilleur. Contemplez votre image pendant vos heures de loisirs jusqu'à ce que votre conscience en soit tellement emplie que vous puissiez la saisir instantanément. Vous serez tellement enthousiaste à l'idée de ses belles promesses que sa seule pensée appellera les énergies les plus fortes dans votre être tout entier.

Répétons à nouveau notre programme et, en modifiant légèrement les énoncés finaux, amenons-le au stade que nous avons atteint.

*Il existe une Matière Pensante de laquelle provient toute chose et qui, dans son état originel, imprègne, pénètre et emplit les interstices de l'Univers.*

*Dans cette Substance, une pensée produit ce qu'elle imagine.*

*L'homme peut former des choses dans sa pensée, et, en imprimant sa pensée sur la Substance Informe, provoquer la création de ce à quoi il pense.*

*Pour ce faire, l'homme doit passer d'un esprit compétitif à un esprit créateur. Il doit former une image mentale claire des choses qu'il souhaite et faire, avec foi et détermination, tout ce qu'il peut faire chaque jour, en réalisant chaque acte séparé d'une manière efficace.*

# 13

# Choisir la bonne profession

Dans n'importe quelle activité, le succès dépend principalement de la possession bien développée des facultés requises dans cette activité.

Sans facultés musicales satisfaisantes, personne ne peut réussir comme professeur de musique. Sans facultés mécaniques bien développées, personne ne peut prospérer dans une activité mécanique. Sans tact ni compétences mercantiles, personne ne peut réussir dans des entreprises commerciales. Mais le fait de posséder de manière bien développée les facultés requises dans votre profession particulière ne garantit pas l'enrichissement. Certains musiciens ont un talent remarquable et demeurent cependant pauvres. Des forgerons, des charpentiers, etc. ont des capacités mécaniques excellentes et ne deviennent pas riches pour autant. Et certains marchands présentent de bonnes facultés d'échange avec autrui et échouent malgré tout.

Les différentes facultés sont des outils. Il est essentiel de posséder de bons outils, mais il est également essentiel d'utiliser ces outils de la Manière Correcte. Imaginons qu'un professionnel construise une pièce d'ameublement attrayante avec une scie bien aiguisée, une équerre, un bon rabot, etc. Si une autre personne utilise les mêmes outils et copie l'article, sa production peut très bien se révéler bâclée si elle ne sait pas comment utiliser ces bons outils d'une manière appropriée.

# Choisir la bonne profession

Les diverses facultés de votre esprit sont les outils qui vous permettent d'effectuer le travail qui doit vous rendre riche. Il vous sera plus facile de réussir dans une activité pour laquelle vous êtes bien équipé en outils mentaux.

En général, vous réussirez le mieux dans l'activité qui utilisera vos meilleures facultés, celles pour lesquelles vous êtes naturellement « mieux disposé ». Toutefois, cet énoncé a des limites. Personne ne doit considérer sa profession comme irrévocablement déterminée par les tendances de sa naissance.

Vous pouvez devenir riche dans N'IMPORTE QUELLE activité, car si vous n'avez pas le talent voulu, vous pouvez le développer. En d'autres termes, vous devrez simplement façonner vos outils tout en progressant plutôt que de vous confiner à utiliser ceux avec lesquels vous êtes né. Il vous sera plus FACILE de réussir dans une profession pour laquelle vous avez déjà des talents bien développés, mais vous POUVEZ réussir dans n'importe quelle profession, car vous pouvez développer n'importe quel talent rudimentaire et il n'existe aucun talent pour lequel vous n'avez pas au moins des rudiments.

Vous deviendrez riche avec moins d'efforts si vous faites ce pour quoi vous êtes le mieux préparé, mais vous réussirez avec plus de satisfaction si vous faites ce que vous VOULEZ faire.

Faire ce que nous voulons faire, c'est la vie. Et il n'y a pas de réelle satisfaction dans la vie si nous sommes toujours obligés de faire ce que nous n'aimons pas et que nous ne pouvons jamais faire ce que nous voulons. Il est certain que vous pouvez réaliser ce que vous voulez. Ce désir est la preuve que vous avez en vous le pouvoir de le faire.

Le désir est une manifestation du pouvoir.

Le désir de jouer de la musique, c'est le pouvoir d'être capable de jouer de la musique qui cherche à s'exprimer et à se développer. Le désir d'inventer des appareils mécaniques est le talent mécanique qui cherche à s'exprimer et à se développer.

Là où il n'y a pas de capacité, développée ou non, aucun désir ne surgit. Tandis qu'un grand désir de réalisation est la preuve certaine que le pouvoir de réalisation est fort et qu'il demande uniquement à être développé et appliqué de la Manière Correcte.

Toutes autres choses étant égales, il vaut mieux sélectionner l'activité pour laquelle vous avez le talent le mieux développé, mais si vous ressentez un désir intense de vous engager dans une activité particulière, ce travail devrait devenir la fin ultime à laquelle vous aspirez.

Vous pouvez faire ce que vous voulez faire, et c'est votre droit et votre privilège d'exercer l'activité ou la profession la plus innée et la plus agréable.

Vous n'êtes pas obligé de faire ce que vous n'aimez pas, et vous ne devriez pas le faire, si ce n'est pour vous amener à réaliser ce que vous voulez.

Si des erreurs passées ont eu pour conséquences de vous placer dans une activité ou dans un environnement non désiré, il se peut que vous soyez obligé pendant quelque temps de faire ce que vous n'aimez pas. Mais vous pouvez rendre ce travail agréable en sachant qu'il vous permettra d'arriver à réaliser ce que vous voulez.

Si vous sentez que vous n'exercez pas la profession correcte, n'agissez pas avec trop de hâte en cherchant à en exercer une autre. Généralement, la meilleure manière de modifier son activité ou son environnement, c'est de se développer.

Ne soyez pas effrayé à l'idée d'opérer un changement soudain et radical si l'opportunité se présente et que vous sentez que c'est la bonne occasion, mais n'entreprenez jamais d'action soudaine ou radicale lorsque vous doutez de la sagesse d'une telle entreprise.

Il n'y a jamais d'urgence sur le plan créateur et il n'y a pas de pénurie d'opportunités.

Lorsque vous quittez l'esprit compétitif, vous comprenez que vous n'avez jamais besoin d'agir avec hâte. Personne d'autre ne va vous prendre votre place. Il y en a suffisamment pour tout le monde. Si une place est prise, une meilleure place s'ouvrira à vous un peu plus loin. Vous avez tout le temps. Lorsque vous doutez, attendez. Retournez à la contemplation de votre vision et augmentez votre foi et votre détermination. En tous les cas, en période de doute et d'indécision, cultivez la gratitude.

Un jour ou deux passés à contempler la vision de ce que vous voulez et à remercier honnêtement le Suprême de l'obtenir amènera votre esprit dans une relation tellement intime avec Lui que vous ne commettrez pas d'erreur au moment d'agir.

Il existe un esprit qui sait tout ce qu'il y a à savoir et vous pouvez entrer en unité intime avec cet esprit par la foi et la détermination d'avancer dans votre vie si vous lui accordez une profonde gratitude.

Les erreurs sont dues aux actes réalisés dans la hâte, dans la peur ou dans le doute ou dans l'oubli du Bon Motif, qui est d'accroître la vie de tous et de ne réduire celle de personne.

Tandis que vous progressez de la Certaine Manière, de plus en plus d'opportunités se présenteront à vous et il vous faudra être très ferme dans votre foi et dans votre détermination et rester en contact intime avec le Tout Esprit par une gratitude révérencieuse.

Faites tout ce que vous pouvez faire de manière parfaite chaque jour, mais faites-le sans hâte, sans crainte et sans peur. Allez aussi vite que vous le pouvez, mais ne vous précipitez jamais.

Rappelez-vous que dès le moment où vous commencez à vous dépêcher, vous cessez d'être créateur et vous entrez en compétition. Vous retombez à nouveau sur l'ancien plan.

Chaque fois que vous vous surprenez à vous dépêcher, faites une pause. Fixez votre attention sur l'image mentale de la chose que vous voulez et remerciez le Suprême de l'obtenir. L'exercice de la GRATITUDE renforcera toujours votre foi et renouvellera votre détermination.

# 14

# L'impression d'accroissement

Que vous modifiiez votre profession ou non, vos actions présentes doivent être celles de l'activité dans laquelle vous êtes engagé maintenant.

Vous pouvez accéder à l'activité que vous désirez en faisant votre travail quotidien de la Certaine Manière dans l'activité dans laquelle vous êtes déjà établi.

Et dans la mesure où votre activité consiste à entretenir des relations avec autrui, que ce soit personnellement ou par courrier, la première pensée de tous vos efforts doit être de leur amener à l'esprit une impression d'accroissement.

L'accroissement est ce que tout le monde recherche. C'est l'élan de l'Intelligence Informe en chacun qui cherche à s'exprimer plus complètement.

Le désir d'accroissement est inhérent à l'ensemble de la nature. C'est l'impulsion fondamentale de l'Univers. Toutes les activités humaines reposent sur le désir d'accroissement. Les gens cherchent à avoir davantage de nourriture, de vêtements, un meilleur abri, plus de confort, plus de beauté, plus de connaissances, plus de plaisir – un accroissement quelconque, plus de vie.

Chaque entité vivante est soumise à cette nécessité d'avancement continuel. Là où l'accroissement de la vie cesse, la dissolution et la mort s'installent immédiatement.

# L'impression d'accroissement

L'homme sait instinctivement cela. C'est la raison pour laquelle il cherche à avoir plus chaque fois.

Le désir normal de plus de richesses n'est pas une chose diabolique ou répréhensible. C'est simplement le désir d'une vie plus abondante. C'est une aspiration.

Et parce que c'est là notre instinct naturel le plus profond, chacun de nous est attiré vers quiconque peut lui donner plus de ressources.

En agissant selon la Certaine Manière telle qu'elle est décrite dans les pages précédentes, vous obtenez un accroissement continu que vous partagez avec tous ceux avec qui vous entrez en contact.

Vous êtes un centre créateur qui offre un accroissement à tous.

Soyez-en sûr et transmettez cette assurance à chaque homme, chaque femme et chaque enfant avec lesquels vous traitez. Peu importe l'importance de la transaction, qu'il s'agisse de vendre une simple friandise à un petit enfant, mettez-y la pensée d'accroissement et veillez à ce que votre client soit imprégné de cette pensée.

Donnez à chacun de vos actes une impression d'avancement, de sorte que tous sentent que vous êtes une personnalité qui avance et que vous faites progresser tous ceux qui entrent en relation avec vous. Donnez la pensée d'accroissement à ceux que vous rencontrez socialement, même sans avoir aucune intention de leur vendre quelque chose.

Vous pouvez donner cette impression en conservant la foi inébranlable que vous-même êtes sur la Voie de l'Accroissement et en laissant cette foi inspirer, emplir et imprégner toutes vos actions.

Faites tout ce que vous faites avec la ferme conviction que vous êtes une personnalité qui avance et que vous faites avancer tout le monde.

Sentez-vous devenir riche et, ce faisant, sentez comme vous enrichissez autrui et comme vous lui apportez des bénéfices.

Ne fanfaronnez pas, ne vous vantez pas de votre succès et n'en parlez pas inutilement. La vraie foi n'est jamais vantarde.

Devant un fanfaron, dites-vous que cette personne porte une frayeur et un doute secrets. Ressentez simplement votre foi et laissez-la s'accomplir dans chacune de vos transactions. Laissez chacun de vos actes, chacun de vos tons et chacun de vos regards exprimer l'assurance tranquille que vous devenez riche, que vous êtes déjà riche. Vous n'aurez pas besoin de mots pour communiquer ce sentiment aux autres. En votre présence, ils ressentiront l'accroissement et seront à nouveau attirés vers vous.

## L'impression d'accroissement

Vous devez imprégner autrui de telle manière qu'il sente qu'en s'associant avec vous, il en obtiendra un accroissement personnel. Veillez à lui donner une valeur d'usage plus importante que la valeur d'achat que vous lui prenez.

Soyez-en honnêtement fier et faites-le savoir à chacun, et vous ne manquerez pas de clients. Les gens vont là où ils reçoivent un accroissement. Le Suprême, qui souhaite l'accroissement en tout et qui sait tout, fera se déplacer vers vous des personnes qui n'ont jamais entendu parler de vous. Votre activité croîtra rapidement et vous serez surpris des bénéfices imprévus qui arriveront vers vous. Jour après jour, vous serez capable d'effectuer de plus grandes combinaisons, de garantir de plus grands bénéfices et de poursuivre une profession plus agréable si vous le désirez.

Mais, ce faisant, vous ne devez jamais perdre de vue la vision de ce que vous voulez ni la foi et la détermination d'obtenir ce que vous voulez.

Laissez-moi vous donner ici un autre message de prudence à propos de vos motifs.

Faites attention de ne pas vous laisser insidieusement tenter à prendre du pouvoir sur autrui.

Rien n'est aussi agréable à l'esprit non formé ou partiellement développé que d'exercer un pouvoir ou une domination sur autrui. Le désir de régner pour obtenir une gratification égoïste s'est révélé une malédiction pour le monde. Pendant des siècles innombrables, rois et seigneurs ont trempé la terre dans le sang par des batailles menées dans le but d'étendre leur domination. Ce n'était pas pour accroître la vie de tous, mais bien pour détenir plus de pouvoir personnel.

Aujourd'hui, le monde commercial et industriel a recours au même motif. Les hommes rassemblent leurs armées de dollars et gaspillent les vies et les cœurs de millions de personnes dans la même folle ruée pour le pouvoir sur autrui. Les rois commerciaux, comme les rois politiques, sont inspirés par la soif de pouvoir.

Attention à la tentation de rechercher l'autorité, de devenir un « maître », d'être considéré comme supérieur au troupeau, d'impressionner autrui par un étalage luxueux, etc.

L'esprit qui cherche à maîtriser autrui est l'esprit compétitif et l'esprit compétitif n'est pas l'esprit créateur. Pour maîtriser votre environnement et votre destinée, il n'est pas du tout nécessaire de régner sur vos semblables. En effet, lorsque vous entrez dans la lutte mondiale pour l'occupation des places élevées, vous vous retrouvez conquis par le destin et l'environnement, et votre enrichissement devient une question de chance et de spéculation.

# L'impression d'accroissement

Attention à l'esprit compétitif! Il n'y a pas de meilleur énoncé du principe de l'action créatrice que l'énoncé favori de la « Règle d'Or » de John de Tolède : « Ce que je veux pour moi, je le veux pour chacun. »

# 15

## La personnalité
## qui avance

Ce que j'ai dit dans le dernier chapitre s'applique autant au professionnel et au salarié qu'à l'homme engagé dans une activité mercantile.

Peu importe que vous soyez médecin, professeur ou prêtre, si vous pouvez transmettre l'accroissement de la vie à autrui et le sensibiliser à ce fait, il sera attiré vers vous et vous serez prospère. Le médecin qui se voit comme un grand guérisseur prospère et qui travaille vers la réalisation complète de cette vision avec foi et détermination – comme je l'ai décrit dans les chapitres précédents – touchera la Source de Vie de manière si intime qu'il sera considérablement prospère. Les patients viendront à lui en foule.

Nul n'a de plus grande occasion de réaliser effectivement les enseignements de ce livre que le médecin, peu importe l'école à laquelle il appartient, car le principe de guérison est commun à toutes les écoles et qu'il peut être atteint par toutes de la même manière. La personnalité qui avance en médecine, qui se voit mentalement prospère et respecte les lois de la foi, de la détermination et de la gratitude, guérira chaque affection curable qu'il entreprendra de guérir, peu importe les remèdes qu'il utilise.

Dans le domaine de la religion, le monde pleure après les prêtres capables d'enseigner à leurs auditeurs la véritable science de la vie abondante. Celui qui maîtrise les détails de la science de l'enrichissement ainsi que les principes apparentés du bien-être, de l'excellence et de l'amour, et qui enseigne ces détails de sa chaire, ne manquera jamais d'assemblée. C'est là l'évangile dont le monde a besoin. Il transmettra un accroissement de vie que les gens entendront avec joie et ils offriront leur soutien généreux à l'homme qui le leur apporte.

Ce qu'il nous faut maintenant, c'est une démonstration de la science de la vie depuis la chaire. Nous voulons des pasteurs capables non seulement de nous dire comment faire, mais également de nous montrer comment faire par leur propre exemple. Nous avons besoin d'un pasteur qui est lui-même riche, en bonne santé, bon et aimé, pour nous apprendre comment obtenir cela. Lorsqu'il viendra, il trouvera de nombreux et loyaux adeptes.

Il en va de même pour l'enseignant capable d'inspirer les enfants par la foi et la détermination de la vie qui avance. Il ne sera jamais « sans travail ». Et l'enseignant qui a cette foi et cette détermination peut les communiquer à ses élèves. Il ne peut pas s'empêcher de les leur transmettre s'ils font partie de sa propre vie et de sa propre pratique.

Ce qui s'avère vrai pour l'enseignant, le pasteur et le médecin est vrai pour le juriste, le dentiste, l'agent immobilier, l'assureur – bref, pour tout le monde.

L'action mentale et personnelle combinée que j'ai décrite est infaillible. Elle ne peut échouer. Quiconque suit ces instructions avec fermeté, persévérance et à la lettre, deviendra riche. La Loi de l'Accroissement de la Vie est aussi mathématiquement sûre d'opérer que la loi de la gravitation. Devenir riche est une science exacte.

Cela s'avérera aussi vrai pour le salarié que pour les autres professions mentionnées. Ne pensez pas que vous n'avez aucune chance de devenir riche parce que vous travaillez dans un endroit où il n'y a aucune opportunité visible d'avancement, où les salaires sont faibles et le coût de la vie élevé. Formez une vision mentale claire de ce que vous voulez et commencez à agir avec foi et détermination.

Exécutez tout le travail que vous pouvez faire, chaque jour, et accomplissez chaque partie du travail d'une manière parfaitcment fructueuse. Placez le pouvoir du succès et la détermination de devenir riche dans chacun de vos actes.

Toutefois, ne faites pas cela uniquement dans l'idée de gagner la faveur de votre employeur, en espérant qu'il (ou vos supérieurs) verra votre bon travail et vous proposera un avancement. Il est peu probable qu'il le fasse.

Quiconque est « bon » travailleur, remplit sa place au mieux de ses capacités et en est satisfait, est appréciable pour son employeur et ce n'est pas dans l'intérêt de l'employeur de lui donner une promotion. Il s'avère bien plus important là où il est.

Pour vous assurer un avancement, il faut que vous remplissiez plus qu'amplement votre place.

L'homme certain d'avancer remplit bien sa place et a un concept clair de ce qu'il veut être. Il sait qu'il peut devenir ce qu'il veut être et il est déterminé à ÊTRE ce qu'il veut être.

Ne tentez pas de bien occuper votre place actuelle pour faire plaisir à votre employeur. Faites-le dans l'idée d'avancer. Conservez la foi et la détermination de vous accroître dans vos heures de travail, après et avant celles-ci. Gardez-les de manière à ce que chaque personne qui entre en contact avec vous – qu'il soit votre contremaître, un collègue ou une connaissance – sente le pouvoir de votre détermination irradier de vous, de sorte que chacun reçoive de vous le sens de l'avancement et de l'accroissement. Les gens seront attirés vers vous et s'il n'y a aucune possibilité d'avancement dans votre travail actuel, vous verrez très bientôt une opportunité d'un autre travail s'ouvrir à vous.

Il y a un Pouvoir qui ne manque jamais de présenter une opportunité à la personnalité qui avance conformément à la loi.

Dieu ne peut s'empêcher de vous aider si vous agissez d'une Certaine Manière. Il doit le faire pour s'aider Lui-même.

Rien dans les circonstances de votre vie ou dans la situation industrielle ne peut vous maintenir en bas. Si vous ne pouvez pas devenir riche en travaillant pour le cartel de l'acier, vous pouvez devenir riche en travaillant dans une ferme de cinq hectares. Et si vous commencez à vous mouvoir de la Certaine Manière, vous échapperez certainement aux « griffes » du cartel de l'acier pour vous lancer dans l'agriculture ou là où vous désirez être.

Si quelques centaines de ses salariés s'engageaient sur la voie de la Certaine Manière, le cartel de l'acier serait bien vite dans une piètre situation. Il devrait donner à ses travailleurs plus d'opportunités ou cesser ses activités. Personne ne doit travailler pour un cartel. Les cartels ne peuvent maintenir les hommes dans de soi-disant conditions désespérées que tant qu'il existe des hommes trop ignorants de la science de l'enrichissement ou trop paresseux intellectuellement pour la mettre en pratique.

Commencez à penser et à agir de cette manière et votre foi et votre détermination vous feront rapidement percevoir la possibilité d'améliorer votre condition.

De telles opportunités viendront rapidement, car le Suprême qui travaille en Tout et pour vous vous les présentera.

N'attendez pas qu'une opportunité comble tous vos vœux. Lorsqu'une occasion de vous développer se présente et que vous vous sentez poussé vers elle, saisissez-la. Elle constituera la première étape vers une plus grande possibilité.

Dans cet Univers, il n'y a pas de manque d'opportunité pour celui qui avance dans la vie.

C'est inhérent à la constitution du cosmos que tout lui vienne et travaille de concert pour son bien. Il est certain qu'il doit devenir riche s'il agit et pense de la Certaine Manière. Que les salariés étudient donc ce livre avec une grande attention et qu'ils s'engagent avec confiance sur la voie de l'action présentée. Ils n'échoueront pas.

# 16

# Quelques mises en garde et conclusions

Nombreux sont ceux qui se moquent à l'idée qu'il existe une science exacte de l'enrichissement. Comme ils gardent l'impression que les réserves de richesses sont limitées, ils insisteront sur la nécessité que les institutions sociales et gouvernementales changent avant même qu'un nombre considérable de personnes ne puissent acquérir une compétence.

Ce n'est pas vrai.

Il est vrai que les gouvernements actuels maintiennent les masses dans la pauvreté, mais c'est parce que celles-ci ne pensent et n'agissent pas de la Certaine Manière.

Si les masses commençaient à avancer comme le suggère ce livre, ni les gouvernements ni les systèmes industriels ne pourraient les arrêter. Tous les systèmes devront subir des modifications pour pouvoir s'adapter au mouvement en avant.

Si les gens ont l'Esprit d'Avancement, s'ils ont foi en leur enrichissement et s'ils avancent avec la ferme détermination de devenir riches, rien ne peut les maintenir dans la pauvreté.

N'importe qui peut s'engager sur la voie de la Certaine Manière à tout moment et sous n'importe quel gouvernement et s'enrichir. Si un nombre considérable d'individus le faisaient sous un gouvernement quelconque, ils provoqueraient une telle modification du système qu'ils ouvriraient la voie aux autres.

Plus il y a de personnes qui deviennent riches sur le plan compétitif, plus la situation devient difficile pour les autres. Plus il y en a qui deviennent riches sur le plan créateur, mieux c'est pour les autres.

Le salut économique des masses ne peut s'accomplir que si un grand nombre de personnes pratiquent la méthode scientifique énoncée dans ce livre et deviennent riches. Elles montreront la voie aux autres et leur inspireront le désir de la véritable vie, accompagné de la foi que ce désir puisse être atteint et de la détermination de l'atteindre.

En ce moment, cependant, il suffit de savoir que ni le gouvernement sous lequel vous vivez, ni le système capitaliste ou de concurrence ne peuvent vous empêcher de devenir riches. Lorsque vous accédez au plan créateur de la pensée, vous vous élevez au-dessus de tout cela et vous devenez citoyen d'un autre royaume.

Souvenez-vous toutefois de conserver votre pensée sur le plan créateur. Vous ne devez jamais être tenté un seul instant de vous trahir en considérant les ressources limitées ou d'agir sur le niveau moral de la compétition.

Chaque fois que vous retombez dans les anciens modes de pensée, corrigez-vous immédiatement, car lorsque vous êtes dans l'esprit compétitif, vous perdez la coopération de l'Esprit du Tout.

Ne perdez pas votre temps à planifier les réponses que vous offrirez aux urgences potentielles à venir, sauf si les mesures nécessaires sont susceptibles d'affecter vos actions aujourd'hui. Vous êtes concerné par la réalisation parfaitement fructueuse du travail d'aujourd'hui et non par les urgences susceptibles de surgir demain. Vous pourrez vous en occuper lorsqu'elles surgiront.

Ne vous occupez pas de savoir comment vous allez surmonter les obstacles susceptibles d'assombrir votre horizon commercial, à moins de pouvoir voir pleinement et clairement qu'il vous faut modifier aujourd'hui votre trajectoire pour les éviter.

Si une obstruction peut vous paraître terrible à distance, vous verrez qu'en poursuivant sur la voie de la Certaine Manière, elle disparaîtra à votre approche ou qu'une voie se présentera pour la surmonter ou la contourner.

Aucune combinaison de circonstances possible ne peut faire échouer quiconque procède à son enrichissement selon des lignes strictement scientifiques. Quiconque obéit à la loi ne peut manquer de devenir riche, tout comme celui qui multiplie deux par deux ne peut pas ne pas obtenir quatre.

# Quelques mises en garde et conclusions

N'accordez aucune pensée anxieuse aux désastres, obstacles, paniques ou combinaisons défavorables de circonstances possibles. Il sera bien assez temps d'y faire face lorsqu'elles se présenteront à vous dans le présent immédiat, et vous verrez que chaque difficulté s'accompagne de la ressource permettant d'en venir à bout.

Faites attention à vos paroles. Ne parlez jamais de vous-même, de vos affaires ou de toute autre chose de manière découragée ou décourageante.

N'admettez jamais la possibilité de l'échec et ne parlez pas en concluant qu'un échec est possible.

Ne dites jamais que les temps sont durs ou que les conditions commerciales sont incertaines. Les temps peuvent être durs et les affaires incertaines pour ceux qui sont sur le plan compétitif, mais cela ne peut jamais être le cas pour vous. Vous pouvez créer ce que vous voulez et vous êtes au-delà de la peur.

Lorsque les temps sont durs et les affaires mauvaises pour les autres, c'est là que vous découvrirez vos plus grandes opportunités.

Entraînez-vous à penser et à considérer le monde comme un lieu en devenir, en pleine croissance, et à regarder ce qui semble funeste comme seulement non développé. Parlez toujours en termes d'avancement.

Parler autrement revient à renier votre foi et renier votre foi revient à la perdre.

Ne vous permettez jamais d'être déçu. Il se peut que vous vous attendiez à avoir une certaine chose à un certain moment et que vous ne l'obteniez pas à ce moment-là. Vous aurez l'impression d'avoir échoué, mais si vous vous accrochez à votre foi, vous verrez que l'échec n'est qu'apparent.

Poursuivez de la Certaine Manière et si vous ne recevez pas cette chose, ce que vous recevrez sera tellement mieux que vous comprendrez que le soi-disant échec était en fait un grand succès.

Un étudiant de cette science avait fixé son esprit sur la réalisation d'une combinaison commerciale particulière qui lui semblait à ce moment très désirable et il travailla pendant quelques semaines à sa mise en oeuvre. Lorsque le moment crucial arriva, la chose échoua d'une manière parfaitement inexplicable. C'était comme si une influence invisible avait secrètement travaillé contre lui. Il ne fut pas déçu. Au contraire, il remercia Dieu d'avoir rejeté son désir et il poursuivit sa route fermement avec un esprit reconnaissant. Quelques semaines plus tard, une bien meilleure opportunité se présenta à lui, à laquelle il n'aurait jamais souscrit sans cet échec, et il vit qu'un Esprit qui en savait plus que lui l'avait empêché de perdre le plus grand bien en s'impliquant dans le moindre.

# Quelques mises en garde et conclusions

C'est ainsi que chaque soi-disant échec fonctionnera pour vous si vous conservez votre foi, que vous vous accrochez à votre but, que vous ressentez de la gratitude et que vous faites chaque jour tout ce que vous pouvez faire ce jour-là en réalisant chaque acte séparé de manière fructueuse.

Lorsque vous échouez, c'est que vous n'avez pas demandé assez. Poursuivez et une chose plus grande que celle que vous recherchiez se présentera certainement à vous. Souvenez-vous-en.

Vous n'échouerez pas parce que vous n'avez pas le talent nécessaire pour faire ce que vous désirez faire. Si vous poursuivez votre route comme je l'ai indiqué, vous développerez tout le talent nécessaire à la réalisation de votre travail.

Cela ne fait pas partie du cadre de ce livre de traiter de la science de cultiver le talent, mais celle-ci est aussi certaine et simple que le processus d'enrichissement.

Toutefois, n'hésitez pas ou ne tremblez pas de peur à l'idée que lorsque vous arriverez à une certaine place, vous échouerez parce que vous n'avez pas les capacités requises. Poursuivez votre chemin et lorsque vous arriverez à cette place, la capacité vous sera fournie. La même source de capacité qui a permis à l'illettré Lincoln d'exécuter au sein du gouvernement la meilleure des tâches jamais accomplie par un seul homme, vous est ouverte. Vous pouvez faire appel à tout l'esprit de sagesse qui existe pour faire face aux responsabilités qui vous incombent. Poursuivez votre route dans une foi totale.

Etudiez ce livre. Faites-en votre compagnon constant jusqu'à en avoir maîtrisé toutes les idées. Tandis que vous vous établissez fermement dans cette foi, abandonnez la plupart des divertissements et des plaisirs et évitez les endroits où des idées opposées sont présentées dans des exposés, des conférences ou des sermons. Ne lisez pas de littérature pessimiste ou opposée et n'entrez pas dans des débats à ce sujet. Passez la plupart de votre temps de loisir à contempler votre vision, à cultiver la gratitude et à lire ce livre. Il contient tout ce que vous devez savoir sur la science de l'enrichissement. Vous trouverez un résumé de tous les éléments essentiels dans le chapitre suivant.

# 17

# Résumé de la Science de l'Enrichissement

Il existe une Matière Pensante de laquelle provient toute chose et qui, dans son état originel, imprègne, pénètre et emplit les interstices de l'Univers.

Dans cette Substance, une pensée produit ce qu'elle imagine.

Une personne peut former des choses dans sa pensée et, en imprimant sa pensée sur la Substance Informe, provoquer la création de la chose à laquelle elle pense.

Pour ce faire, la personne doit passer d'un esprit compétiteur à un esprit créateur. Sinon, elle ne peut être en harmonie avec l'Intelligence Informe qui est toujours créatrice et jamais compétitrice en esprit.

Une personne peut entrer en harmonie complète avec la Substance Informe en entretenant un sentiment de gratitude vivant et sincère pour les bénédictions qu'Elle lui accorde. La gratitude unifie les esprits des individus à l'Intelligence de la Substance et permet à l'Informe de recevoir les pensées de la personne.

Une personne ne peut demeurer sur le plan créateur qu'en s'unissant à l'Intelligence Informe par un sentiment profond et continu de gratitude.

Une personne doit former une image mentale claire et nette de ce qu'elle souhaite avoir, réaliser ou devenir, et conserver cette image mentale dans ses pensées tout en étant profondément reconnaissante vis-à-vis de l'Être

Suprême de savoir tous ses désirs exaucés. La personne qui désire devenir riche doit passer ses heures de loisirs dans la contemplation de sa vision et en remerciements sincères de savoir qu'elle lui est accordée.

On ne peut trop souligner l'importance d'une contemplation fréquente de l'image mentale, couplée à une foi inébranlable et à une gratitude fervente. C'est par ce processus que l'Informe est imprégné et les forces créatrices mises en mouvement.

L'énergie créatrice fonctionne à travers les canaux existants de la croissance naturelle et de l'ordre industriel et social. Tout ce qui est inclus dans l'image mentale sera certainement amené à la personne qui suit les instructions données ci-dessus et dont la foi ne faiblit pas. Ce qu'elle veut viendra à elle par la voie des affaires et du commerce en place.

Pour recevoir son dû au moment où il est prêt à venir vers elle, une personne doit agir de manière à remplir amplement sa place actuelle. Elle doit garder à l'esprit son objectif de devenir riche par la réalisation de son image mentale. Elle doit faire chaque jour tout ce qu'elle peut faire ce jour-là en prenant soin d'effectuer chaque acte d'une manière féconde.

Elle doit donner à chaque personne une valeur d'usage qui excède la valeur d'achat qu'elle reçoit de manière à générer un surcroît de vie à chaque transaction, et elle doit conserver une pensée d'accroissement afin de communiquer une impression de croissance à tous ceux avec qui elle entre en contact.

*Quiconque pratique les instructions ci-dessus deviendra certainement riche et les richesses qu'il recevra seront en exacte proportion avec la précision de sa vision, la fixité de son objectif, la solidité de sa foi et la profondeur de sa gratitude.*

# À propos
# de l'auteur

Wallace D. Wattles naquit aux États-Unis en 1860. Il connut beaucoup d'échecs et fut longtemps pauvre. De paysan, il réussit à devenir un éducateur reconnu, spécialisé dans la vraie nature de la Force de l'Esprit. Des années de réflexion et l'application des principes de la Nouvelle Pensée, qu'il étudia par le biais des oeuvres de Descartes, Spinoza, Leibniz, Schopenhauer, Hegel, Emerson et autres, lui permirent de complètement transformer sa vie et de trouver la prospérité.

Voici quelques extraits d'une lettre écrite à son éditeur par sa fille Florence peu après le décès prématuré de son père en 1911.

*Chère Madame Towne :*

*J'ai bien reçu votre lettre du 14... Plus tard, je pourrai peut-être écrire un roman sur la vie de mon père et en faire un ouvrage intéressant.*

*Vous saviez, n'est-ce-pas, que son « hérésie » lui coûta un poste important dans l'Eglise Méthodiste ? Il rencontra George D. Herron en 1896 à une convention de réformateurs à Chicago et il adopta sa vision sociale. Je n'oublierai jamais ce matin de Noël où il rentra à la maison. Maman avait dépensé son dernier dollar pour une boîte de boutons de manchette que nous avions placée en dessous d'une branche de sapin faisant office d'arbre de Noël. Nous l'avions décorée de chandelles et de guirlandes de* pop-corn. *Finalement, papa arriva. Avec un beau sourire, il fit l'éloge de l'arbre, nous dit que le cadeau correspondait exactement à ce qu'il désirait et nous prit tous dans ses bras pour nous raconter le merveilleux message de Jésus, le message qu'il incarna plus tard tel « Un Nouveau Christ ». À dater de ce jour et jusqu'à sa mort, il ne cessa d'accomplir la vision glorieuse de la fraternité humaine.*

*Pendant des années, sa vie fut maudite par la pauvreté et la peur de la pauvreté. Il ne cessait d'élaborer des plans afin d'obtenir pour sa famille les éléments qui permettent de vivre dans l'abondance. Dans le premier chapitre de* La Science de l'Enrichissement, *il dit : « Pouvoir prodiguer toutes sortes de bienfaits aux êtres aimés est le plus grand des bonheurs ». La foi suprême ne l'a jamais quitté. Pas un moment il ne perdit confiance dans le pouvoir de l'Intelligence directrice qui est à même de corriger chaque mauvaise action et de donner à chacun sa part de bonnes choses dans la vie.*

*Lorsque nous arrivâmes à Elwood (Indiana) il y a trois ans de cela, papa commença à donner des conférences de nuit le dimanche à Indianapolis. C'était notre seule source de revenu. Plus tard, il commença à écrire pour le Nautilus et à exprimer sa propre philosophie. Il écrivait presque tout le temps. C'est alors qu'il forma son image mentale. Il se voyait en écrivain florissant, en personnalité de pouvoir, en homme qui avance, et il commença à travailler à la réalisation de cette vision... Il vivait chaque page de* La Science de l'Enrichissement. *Les trois dernières années de sa vie, il gagna beaucoup d'argent et il eut une bonne santé, si ce n'était son extrême faiblesse.*

*J'écris ceci précipitamment, mais je pense que cela vous donnera une idée de la vie de lutte d'un grand homme, son échec et son succès. Il vécut véritablement une VIE PUISSANTE.*

*Avec tous mes bons vœux.*

*Bien sincèrement,*

*FLORENCE A. WATTLES*

M. Wattles est mort en 1911, peu après la publication de *La Science de l'Enrichissement*. Son œuvre a permis à des milliers d'étudiants de la Force de l'Esprit d'atteindre des niveaux de réussite qui ont dépassé leurs ambitions. Parmi d'autres, le grand orateur Napoleon Hill – l'auteur de *Réfléchissez et devenez riche (Think and Grow Rich)* – a exprimé l'immense dette qu'il lui devait pour son œuvre de pionnier.

# À propos
# de la traductrice

Marcelle della Faille, traductrice de livres de développement personnel et de sensibilisation à notre vraie Nature, vous propose de découvrir ou de redécouvrir cette œuvre classique de Wallace D. Wattles, éducateur reconnu spécialisé dans la vraie nature de la Force de l'Esprit. Elle applique quotidiennement ces principes d'enrichissement dans sa vie personnelle et elle peut témoigner des améliorations continues qu'elle obtient au niveau de ses revenus, de ses réalisations et de ses succès. Dans ce puissant petit livre qu'elle a spontanément traduit, elle partage avec vous de très anciens secrets de manière à vous permettre à VOUS aussi d'ACCÉDER À L'ABONDANCE dans votre vie !

www.marcelle.powerfulintentions.com/forum/Abondance

# Annexes

# Plan d'action

> *« Chaque acte peut devenir fort et efficace si vous gardez à l'esprit votre VISION en le posant et si vous y mettez le pouvoir tout entier de votre FOI et de votre DÉTERMINATION. »*

Je voudrais vous suggérer ci-dessous un plan simple et puissant qui vous aidera à tirer le plus grand parti du livre *La Science de l'Enrichissement*. Ce plan repose sur mon expérience personnelle, car c'est ainsi que j'étudie et que j'applique cette Science dans ma propre vie.

Tout d'abord...

Lisez la préface et les dix-sept chapitres de *La Science de l'Enrichissement*, dans leur intégralité.

Ensuite...

Prévoyez une période de quinze minutes *chaque* jour, que vous dédierez à l'étude et à l'application des principes **d'un petit extrait** seulement de *La Science de l'Enrichissement*.

Cet extrait, vous le choisirez en suivant la chronologie du livre ou en ouvrant votre livre de manière spontanée et en choisissant le premier paragraphe qui vous tombe sous les yeux. Soyez certain que le texte que vous lirez répondra à la demande intime de votre être intérieur.

Voici donc le petit rituel que je vous propose d'effectuer TOUS LES MATINS au saut du lit :

1 – Lisez l'extrait choisi comme indiqué plus haut.

2 – Demandez-vous comment le contenu de cet extrait s'applique à vous, en vous posant la question suivante : « Qu'est-ce que cela signifie pour moi ? »

3 – Pendant la journée, choisissez un moment pour visualiser pendant 30 secondes votre « image mentale claire », celle que vous avez définie à la lecture de ce livre.

RESSENTEZ profondément la JOIE de l'obtenir et soyez-en reconnaissant.

Tout au long de la journée, dirigez constamment votre attention sur des pensées qui vous font du bien. Si vous vous sentez stressé, déprimé ou mal à l'aise, reportez immédiatement votre pensée sur votre « image mentale claire ».

Et surtout, APPRÉCIEZ constamment ce que vous avez et ce qui vous arrive. Recherchez sans cesse ce que vous pouvez apprécier dans votre journée.

# Annexe A

Voici maintenant le petit rituel que je vous propose d'effectuer TOUS LES SOIRS avant de vous coucher :

1 – Lisez un nouvel extrait que vous choisissez comme indiqué plus haut et demandez-vous en quoi il s'applique à vous.

2 – Repassez les BONS moments de votre journée. Répertoriez 5 choses que vous avez appréciées et soyez-en reconnaissant.

3 – Visualisez un bon sommeil et un réveil de bonne humeur et plein d'énergie le lendemain matin.

Que la simplicité de ces rituels ne vous étonne pas. Dans la vie, les meilleures choses sont souvent les plus simples.

Si je vous les transmets ici, c'est parce qu'ils sont issus de mon expérience personnelle. Je les applique tous les jours avec beaucoup de succès depuis la lecture de ce livre formidable !

N'oubliez pas : il est important d'appliquer ce que vous avez lu ! Si vous n'appliquez pas ce que vous apprenez, vous n'obtiendrez pas les résultats voulus. C'est aussi simple que cela.

Si vous désirez vraiment voir votre vie changer, si vous souhaitez réellement devenir riche, vous devez suivre exactement les instructions de M. Wattles. Et cela, dès aujourd'hui!

Et surtout, AMUSEZ-VOUS en les appliquant !

Recherchez à chaque instant ce qui vous rend HEUREUX !

Je peux vous promettre que vous progresserez bien plus vite vers le succès financier et émotionnel en utilisant ces petits rituels et le système d'étude de Wallace D. Wattles que vous ne le feriez en utilisant une méthode plus aléatoire et plus « sérieuse ».

Souvenez-vous… vous avez tout le temps !

Appliquez les rituels et le plan détaillé du livre et votre vie deviendra plus facile. Tout ce que vous désirez sera ATTIRÉ vers vous et de merveilleux événements commenceront à se produire dans votre vie…

Et bientôt, vous vivrez une vie plus riche et bien plus prospère que ce que vous imaginez dans vos rêves !

À votre SUCCÈS,

Marcelle della Faille

## Annexe B

# Note bibliographique

*The Science of Getting Rich* fut édité en 1910 par The Elizabeth Thorne Company à Holyoke, Massachusetts, États-Unis.

Il fut réédité en 1915 par The Elizabeth Thorne Company sous le titre *Financial Success Through Creative Thought or The Science of Getting Rich.*

Wallace D. Wattles a publié plusieurs livres :

– *The Science of Getting Rich* (traduction : *La Science de l'Enrichissement*)

– *The Science of Being Great*

– *The Science of Being Well*

– *The Personal Power Course*

– *How to Promote Yourself*

– *The New Science of Living and Healing*

– *Making of The Man Who Can*

– *Health Through New Thoughts and Fasting*

– *Hellfire Harrison, un roman*

David HAwkins. Kinésiologie

PROLOGUE
**14,95**

6159-2          1707

# MARQUIS

Québec, Canada

RECYCLÉ
Papier fait à partir
de matériaux recyclés
FSC® C103567

FSC
www.fsc.org

Imprimé sur du papier Enviro 100% postconsommation
traité sans chlore, accrédité ÉcoLogo et fait à partir de biogaz.

   100%  PERMANENT

BIO GAZ
ÉNERGIE